「その日」の前に

Right, before I die

・・・

写真・文 アンドルー・ジョージ
訳 鈴木 晶

> **Contents** 目次

> **Contents** 目次

> **Foreword** 序文

Alain de Botton
アラン・ド・ボトン（哲学者）

この本に登場する人たちが経験したのとまったく同じことを、読者のみなさんもいずれ経験することになる。後頭部の痒みがとれない、左半身に違和感がある、シャワーを浴びているときにしこりに気づいた。そうしたことが、やがて無視できなくなる。

そこで、誰もが医者にいく。そして、神妙な声で病名を宣告される。証拠を突きつけられても、自分のこととは思えない。何かの間違いだ。きっと事務員が書き間違えたのだ。一時的な不調に過ぎない。

ネリー
「診断を下されてから、毎日泣いていた」

すぐに降参する人もいるし、科学的にみたら絶対に勝てない敵に闘いを挑むことを誓う人もいる。

サラ
「最初に病名を聞いたとき、闘おうと思った。負けるものか」

死を迎えようとしている人たちの話にじっと耳を傾けなくてはいけない。ありがたいことに、アンドルー・ジョージはカメラを持って、私たちがふだん行こうともしない病院やホスピスを訪ねてくれた。

この本の長所は、登場する人たちが特別な人ではないことだ。そのおかげで、彼らと私たちを隔てる壁が低い。彼らが置かれた状況が、自分の状況とどこか共通しているのがわかる。彼らの物語は私の物語でもある。ふつうの生活をしていると、彼らの物語を意識することもないし、自分とは無縁のことだと思い込んでいる。

とくに目立つ人たちではない。めったに行かない店で働いている女性。近所のビルで働いている男性。ジムで自転車をこいでいる女性。だが死が近づくと、彼らの誰もが、私たちに何かを語ってくれる。彼らの言葉は預言者の言葉に似ている。彼らは私たちよりもずっと先を行って、何か重大なことを報告してくれる。数日後に死を控えた彼らの誰もが、とても明快に話してくれる。誰も「呪われた者」を気取ったりしない。

エイブル
「片道切符なんだから、無駄にしないことだ」

　死にゆく人は物の真価を知っている。春の午後に降り注ぐ陽光の美しさを知っている。孫と過ごす数分間の価値を知っている。私たちがいかに甘やかされた恩知らず者であり、一刻一刻変化する素晴らしい世界を瞼に焼き付けようともしないことを知っている。もちろん彼らだって、昔は私たちと同じだった。何十年も漠然と生きてきた。だが今、彼らは自分がいかに馬鹿だったかを思い知り、私たちに警告してくれる。

キム
「楽しいことがたくさんあるのに、私たちは楽しもうともしない」

　彼らは心情を告白し、自分の弱さを素直に認める。もうプライドなんか気にしているときではない。うまくいかなかったこと、避けてきたこと、臆病さ、苦しみ、裏切りなど、ふだんの生活では表に出ないことを、今は素直に認めることができる。

ドナルド
「私の前妻は再婚し、新しい夫を愛しているが、私は今でも彼女を愛している」

　彼らがいちばん愛しているのは、偽りの階層や競争社会とはまったく関係がない。誰もが子ども時代のことを語る。あの頃はまだ死がその姿をあらわしていなかった。怖いのは悪夢くらいのものだった。だが今では昼間も悪夢に支配されていて、幽霊やゾンビの夢を見るよりも怖い。

チャック
「楽しかったのは子どもの頃だ。兄貴たちと野球をやり、よくママもいっしょにやった」

　この本を読んでいると、泣きたくなるかもしれない。彼らのことを思って、そしてもちろん自分のことを考えて。

> **Foreword** 序文

　死は、真の意欲とは何かを教えてくれ、それが目標だとは夢にも思わなかった物事に新たな価値を付け加える。

アイリーン
「70歳まで生きたい」

　誰でも死んでしまえば、わずかな痕跡しか残さない。私たちが残す記念碑は悲しいほど小さい。でも、そうだからこそ、純粋で、心を打つ。何人かの心の中で、ほんの数年生き続けることができたら、幸運だといえよう。

オーディス
「私は逝くけど、みんなは私の赤いビーツ・ジャムのことを覚えていてくれるでしょう」

　いつの時代も、人は死を忘れないようにするための効果的な方法を探してきた。かつては頭蓋骨や殉教者や砂時計や枯れた花を見つめたものだ。今では写真家にくっついて、ふだんなら通勤途中に遠くから見かけるだけのホスピスを訪れる。写真という芸術のおかげで、私たちは、なかなか見ることのできない経験に接することができ、自分のぼんやりとした想像力の中で、その経験の意味を、まざまざと思い描くことができる。

　ここにある写真はどれも悲しい。でも、私たちを憂鬱にはさせない。死を思い出させて、私たちを震え上がらせるわけではなく、意外なほど明るい。彼らは生の側にいるので、彼らを見ていると、価値観を変えよう、いつもは無視しているものに目を向けよう、と思う。

　自分が過去に誰と喧嘩したか、いまどんな不安があるかなど、もうどうでもいい。私たちは、さんざん自分を縛ってきた恐怖、誤った熱狂、間違った価値観などから解放される。

　残念なことに、私たちは彼らが提供してくれる智恵を、数時間後には忘れてしまうだろう。ふたたび指針を失い、太陽の光をありがたく思う気持ちも忘れてしまうだろう。耐え難い、だがどうしても必要な真実との関係を失わないためには、繰り返し、芸術の力が必要なのだ。

Andrew George
アンドルー・ジョージ

ロサンゼルス　2014年春

以前は重要だと思っていた個人的な出来事が、いつのまにか記憶から消えてしまうことがある。それを考えると、人生観などというものを持てるのだろうかと不安になる。ときにはこの問題を突き詰めて、死ぬ前の自分にとって大事なことは何だろう、などと考えてしまう。

人はどこで人生観を学ぶのだろうか。家族や友人から教えられるのか。あるいは学校とか周囲の環境から教えられるのか。生きていくうちに、人間はかならず死ぬのだということを示す証拠を数多く目撃するようになる。それにつれて、より深く賢い展望が得られるのだろうか。

すべては、私たちがどれだけ死を見つめ、自分に取り込めるか、にかかっている。このことは明白なようにみえるが、じつは、それは現在の欧米社会ではけっして容易ではない。社会全体が、死を否定することを推奨しているからだ。死を直視することで、本当に大事なものに対する展望が得られる、と言い切れるのかどうか、私には自信がない。いま自分が人生にとってきわめて重大だと思っていることも、やがては消えてしまう。これを認めるには相当な勇気が要る。

私たちのなかには、勇気を持って死の恐怖を乗り越え、未知の旅を勇敢に直視する人々もいる。本書に収めたポートレート写真には、差し迫った（早すぎる）死を冷静に直視し、受け入れた20人の勇気ある人々への私の礼讃が込められている。

私は2年間かけてこの写真を撮ってきた。写真に添えられているのは、インタビューの一部と、私がお願いして書いてもらった手書きの手紙である。話すほうが楽だという人もいたし、書くほうが楽だという人もいた。蒸溜された洞察を語ったものもあれば、もっと淡々と事実を物語ったものもある。私にとってはどちらも同じように大事だ。ほんの何カ所か、読みやすいように文法的な誤りを直したが、それ以外はすべて、彼らが語ったそのままを記した。

寛大にも私に向かって彼らの過去や信念について語ってくれた男女は、それぞれまったく違っていると同時に、共通点も多い。経歴や育った環境はそれぞれ異なるから、過去の職業や彼らを苛んでいる病気の種類や病状もそれぞれ異なるので、それらについては省略した。

これらの証言は、死を前にして鍛え上げられた勇気、そして人生の意味について驚くほど正直に打ち明ける勇気について、物語っている 。おそらく読者の多くは、これらのインタビューからインスピレーションを得て、自分の人生をより豊かなものにするために役立てられるのではなかろうか。彼らの多くはすでに亡くなった。しかし、読者の皆さんは私とともに彼らのことを忘れないだろう。そして、彼らの展望と智恵を大事にしていくだろう。

> **Introduction** 前書き

Marwa Kilani, M.D.
マルワ・キラニ（医学博士）

カリフォルニア州ミッション・ヒルズ
プロヴィデンス聖十字架医療センター　緩和ケア科長

アンドルー・ジョージがプロヴィデンス聖十字架医療センターに興味深い企画を持ち込んだという話は、アンドルー自身から直接に聞いた。それは、緩和ケア患者たちの勇気と力を物語るような写真集を作るという企画だった。アンドルーについて詳しく知りたかったので、彼のウェブサイトを見たり、これまでの作品を調べたりした。そのなかには、風景の写真集や抽象的な写真集があった。私は、これはきっと面白い写真集になるぞと思った。光と色を捉えるアンドルーの才能をもってすれば、きっと緩和ケア患者たちのすてきな写真集ができるにちがいない、そう期待した。だが、できあがったものは私たちの期待をはるかに上回るものだった。どの写真も、カメラが患者の心の奥底まで届いていることを物語っている。患者たちの闘いや希望を覗く窓になっている。各患者の旅が目に見えるようにわかる。

患者がどんな病気にかかっているかよりも、どんな患者が病気にかかっているのかのほうが、ずっと重要だ。[(1)]

だが、どうして緩和ケア患者を選ぶのか。緩和ケア患者たちは私たちに何を提供してくれるのか。一方、緩和ケアは個々の患者のどんな役に立っているのか。本書に収める患者の選定を進めながら、まるで燃え上がるように私の心に湧きあがってきたのは、そうした疑問だった。

当初、緩和ケアは終末期医療、すなわち死に瀕している人々に対する医療の根幹だった。ところが、慢性疾患あるいは重度疾患をもった患者たちの寿命が長くなるにつれ、緩和ケアは終末期医療とは袂を分かち、化学療法、積極的心臓病治療、臓器移植の手配、その他さまざまな治療と並行して、患者の生活を継続的に支援する治療を志すようになった。こうした全人格を対象としたケアのために、現在、緩和ケアは広く世界中に浸透している。

身体的な痛みを緩和するだけでなく、感情面での幸福、精神的な健康、社会関係などにも配慮することで、緩和ケアは病める人々の全人格的な幸福に寄与している。どういうケア・プランを立てるのが最良かを知るために最も重要なのは、個人としての患者の中核に触れることだ。病気だけでなく、死への旅の途上にいる個人としての患者に接することだ。

私たちスタッフは患者のことを、これこれの病気にかかっている患者としてではなく、それぞれ唯一無二の人生経験を経てきた人間として、覚えている。彼らがどんなに辛抱強く病気と闘ってきたかを目の当たりにして、私たちは深く勇気づけられる。彼らは人生のさまざまな障害を乗り越え、後悔しながらも、夢や情熱を語ってくれる。

本書に登場する人々の一人ひとりが、他の誰とも違う人生経験を積み、それを、これまで聞いたこともなかったようなやり方で、語ってくれる。あるとき、本書に登場するドナルドの孫娘と話して知ったのだが、ドナルドがアンドルーに話したことは、家族の誰も聞いたことがなかったそうだ。本書にはそうした稀有な告白が詰まっている。

アンドルーとの仕事は、私にとっても、私のチームにとっても、じつに有益だった。病室のインテリアはシンプルだが、彼はその中のわずかな色を巧みに捉える。また、患者の顔に微妙な光を当てる。病院という殺風景な場所の中に美を見つけ出すことは容易ではない。表面的な単純さのせいで、彼の写真は見る者を強い力で捉える。アンドルーの仕事を見ているうちに、私もいくつかのヒントを得て、自分の仕事をこれまでとは違う角度から見られるようになった。健康管理においては、似たような病状の患者には、マニュアルに則った同様の対処法をとる（医師ならば、みんなうなずくはずだ）。病気ばかりを見て、その病気を抱えている人間を見落としているのだ。アンドルーが患者たちに接する姿を見ていて、私は医療に対する自分のアプローチを、より広い視野から見られるようになった。私は気づいた。私は病気の治療をしているのではない。患者の手助けをしているのだ、と。

アンドルーには心から感謝する。彼は、本書に登場する患者たちに、人生経験を語る機会を与えてくれた。彼は個々の患者の個性を見抜き、愛、後悔、痛み、病気について鋭い質問を投げかける。彼のおかげで、私たちは自分自身の人生を考え直し、後悔を最小限にするには何を優先すべきかについて、考えを改める。

だが一方、患者たちにも感謝したい。アンドルーの質問に答える勇気を持ったあなたがたがいなかったら、この本も日の目を見ることはなかっただろう。あなたがたが人生について語ってくれたおかげで、私たちはそこから多くのことが学べる。あなたがたの洞察や智恵を、私たちはいつまでも忘れないだろう。

私たちスタッフは、患者たちの願いに応えるために全力を尽くす――私を知って。私の手助けをして。私を楽にして。(2)

(1) カナダの医学者、ウィリアム・オスラー（1849-1919）の言葉
(2) プロヴィデンス聖十字架医療センターのモットー

René

人間の価値は、これまでにどれだけのものを

人に与えたかによって決まる

René
ルネ

どちらかといえば、宗教については考えないようにしている。
でも、神は信じている。これだけは断言できる。

私の言う神は、あなたがたが口にする神と同じものだ。

―― 何か悔いはありませんか？
ある。エルサルバドルに娘がひとりいるんだが、事情があって絶縁してしまった。

人生の幸福なんてものは存在しない。われわれが幸福と呼んでいるのは、貢献のことだ。
人間の価値は、これまでにどれだけのものを人に与えたかによって決まる。

人生の意味とは、人生を探求することだ。

to m beloved [illegible] Frends
God Have them iN in IN my, God Had them
[illegible] He Hd tHe FREEdom a you
THANK For everything

tHank to every one

René René [illegible]

GARY

René’s letter ルネの手紙

かつての友人たちへ。いつまでも若いままでいてくれ。
すべてをありがとう。
みんな、ありがとう。
（下に描かれているのは、
船に乗っているルネ自身と孫娘のカーリー）

ルネ・ポルティーロ

To my beloved Forward friends, God have them in his hand
the freedom of young. Thank you for everything,
Thanks to everyone—
(underneath is a drawing René made of himself and his granddaughter, Carly, in a sailboat)
René Portillo

Jack

生きている間は、人生の価値なんてわからない

Jack
ジャック

死とは何か、って？　誰にでも起きるありふれたことさ。

私はいろんなものを信じているが、なんでも信じているわけじゃない。
その点、親父に似ている。親父はいつも言っていた。
信仰を持つことはできるが、そのために教会に行って牧師の説教を聞く必要はない、と。

私がいちばん深く愛したのは妻じゃない。
1940年代に出会った日本人の女の子だ。
とてもウマが合って、いっしょにいると楽しかった。彼女はなんでも楽しんだ。
海水浴、釣り、森の散歩など、どこに連れて行っても、心から楽しんでいた。
ふたりとも16か17だった。ところが戦争中、日本人は強制的に家から追い出され、
国中に散らばっていた強制収容所に入れられた。
彼女はしばらくカリフォルニア州モハーベのほうにいた。私たちは結婚するつもりだった。でも未成年だから、法律的にできなかった。彼女の両親は許可してくれた。
うちの両親には何も話さなかった。それで結婚できず、次に会いに行ったときには、
彼女はユタのほうに移っていた。私は彼女の兄のグレッグと同級生だったんだが、
グレッグは軍隊に志願して、ヨーロッパの日本人部隊に入り、イタリアで戦死した。
ユタまで行きたかったが、ガソリンの配給チケットが足りなくて……。
ついこの間、ふいに彼女のことを思い出したんだ。日本人のナースがいたからさ。
それまで長い間、忘れていた。
ふつう何かを後悔すると腹が立つもんだが、1週間もすると、何を後悔していたのかも覚えていない。

何人かの女性を愛したけれど、別にいま会いたいとは思わない。
誰かを愛しても、いっしょに暮らす必要はない。
自分の生活の邪魔をされたくないからね。自分の暮らしは自分だけのものだ。

生きている間は、人生の価値なんてわからない。

自分の仕事や評判については、誇りに思っている。私はずっと「便利屋」だった。
みんなは、何か人手が必要になると、私のところに頼みに来た。

親父にはもっと気を遣ってやるべきだった。でも訣別してしまった。
親父が病気になってからは、もっと世話をしてやるべきだった。でも私は無視した。
親父とは、どこかどうしても合わないところがあったからだ。

私はいろいろなことが好きだ。とくに、ひとりでふらりと出かけ、山を歩き回るのが好きだ。
時々、そんなふうにして過ごした。
時々、釣り竿と猟銃を持って、ひとりでふらりと出かけ、野鳥や魚を食べながら、
あてどなく山を歩き回り、このまま道に迷って死んでしまうんじゃないかと思ったこともあったよ。

Not very Happy The way things are
But after almost 85 years
why not say its almost over
I've Had a good time & some
Bad times. But no complains
good by for now
Jack

Jack's letter　ジャックの手紙

状況に満足しているわけではないが、
もう85歳だから、贅沢を言ってはいけない。
よいときもあったし、悪いときもあった。
でも、不満はない。さようなら。

ジャック

Not very happy the way things are, but after almost 85 years, way not to say it's almost over. I've had a good time and some bad times, but no complaints. Goodbye for now.
Jack

Kim

もし誰かを愛していたら、自分から言うべき

誰かを愛していたら、その人にわからせるべき

明日は何が起きるか、わからないんだから

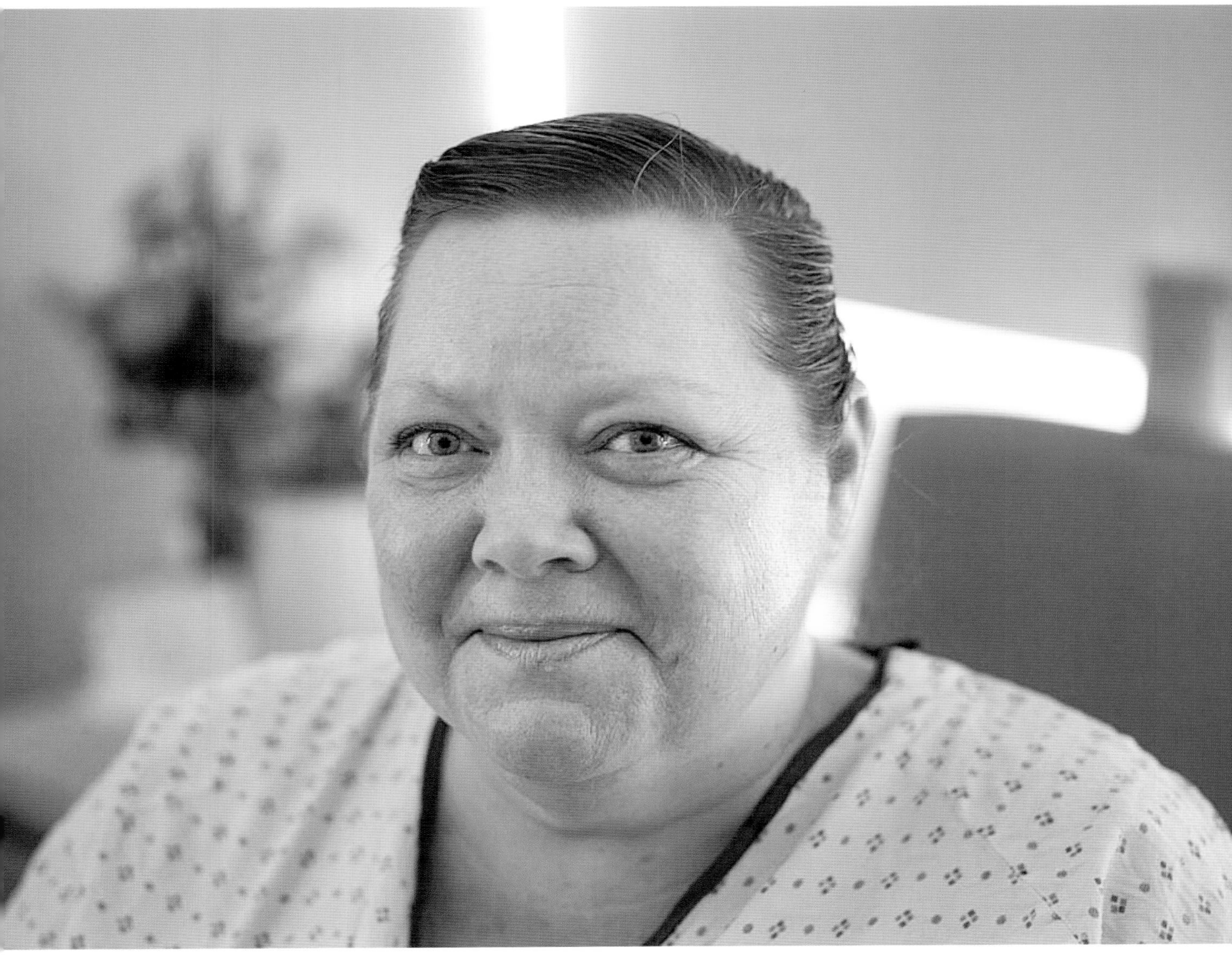

Kim
キム

死ぬのは怖くない。でも、死ぬためにやらなくてはならないことを考えると、怖い。

何よりも自分自身を愛せるようにならなくては。自分を愛せるようになってはじめて、他の人を愛することができる。

―― 生涯でいちばん愛した人は？
マルコスという男。いわゆる運命の人。今日も彼と電話で話したわ。
事情があって、彼はしばらく遠いところに行っているの。以前は何でもいっしょにやった。本物の恋だった。いやこれからもずっとそう。誰と結婚したかは問題じゃない。彼と結婚しなかったのは、彼が遠いところに行ってしまったから。でも私はこれからも彼を愛し続ける。彼は私の心の中に、魂の中にいる。じつは、彼は刑務所にいるの。だから会えないのよ。
彼以外の人とは心を通わせることができない。

私は他の男と結婚していた。でもマルコスは私のもの、私はマルコスのもの。この結びつきは、出会った最初の日に感じた。

私の唯一の悔いは、とてもいっしょにいられないような男と結婚したこと。
何も考えずに結婚してしまった。二度とあんなことはしたくない。
このことを除けば、人生に悔いはないわ。

私は、誰も経験したことのないようなことを経験するために生まれてきたんだと思う。

心配しすぎるのはよくない。心配したって、ストレスが溜まるだけで、何ひとつ変わらない。心配は脇にのけておいて、前に進むべき。

友達が大勢いると思っていても、こういう病気にかかると、みんな遠ざかっていく。

いっしょにいてほしいと思った人たちが、遠くに行ってしまう。
誰もが「かわいそうに。きっとよくなるよ。心配しないで」と言うけれど、電話もしてこないし、メールもくれない。病人には関わりたくないのよ。まるで私が伝染病にでもかかったように。ほとんどの人がそんな感じ。彼らは恐れているのよ。何を恐れているのか、私にはわからないけれど。でも、仲よくなるなんて夢にも思っていなかった人たちが、そばにいて、助けてくれる。全然予想もしていなかった人たちがね。
どうしてなのか、いまでも考えているけれど、わからない。

友だちだったら、そばにいてくれてもいいじゃない。誰かが病気になったって、私だったら離れないわ。

歯に衣を着せたような言い方は大嫌い。ストレートな性格だから、こういうふうに、何でもはっきり言うのよ。

ママも子どもたちも、私のことを覚えていてくれると思う。私は誰に対しても思いやりの心があるから。私はそれをはっきりと表にあらわすの。そうすべきだと信じている。
心の中に秘めておくのはよくない。いつまで生きられるのか、わからないんだから、もし誰かを愛していたら、自分から言うべき。誰かを愛していたら、その人にわからせるべき。
明日は何が起きるか、わからないんだから。あのドアから出て行って、それでおしまい。
これから何が起きるか、わからないでしょ。

人生には楽しいことがたくさんあるのに、誰も楽しんでいない。
神様はたくさんのものを作ってくれたのに、誰もそれを利用していない。

I'm Afraid - Scared of being Alone - desperate -
feel Done - ~~what~~ wondering what I did to be
going thru all of this - life is so hard -
angry - Not Afraid to dye - Afraid of what
do to me to keep me Alive - Sometimes dying
is easier - Don't want to disappoint people
In my life - Don't want to be burden to
my Kids - they should be expieriencing life
not taken care of me - ~~[illegible]~~ This is not living
this is Shit. & Depressed. Love life usually

I want to enjoy my Kids They mean
everything to me - I don't feel like I have
A soul anymore - Feel like my soul + love
OF life is leaving. Don't want it to.
I want to be fun - Free - Loving -
No worries - No cares - Loose - love

Want to Scream at top of Big mountain
Then dive into lake + Be free of All.

K

Kim's letter　キムの手紙

怖い。ひとりでいるのが怖くて仕方がない。
絶望している。もう終わりという感じ。
こんなことになるなんて、私が何をしたというのかしら。
生きているのが辛い。
怒りが湧いてくる。死ぬことは怖くない。
生き続けるためにしなくてはならないことが怖い。
時々、死ぬほうがよほど楽だと思う。
みんなをがっかりさせたくない。
子どもたちの重荷になりたくない。私の世話なんてせずに、
人生を楽しんでもらいたい。こんなのは人生じゃない。

クソよ。ああ、落ち込む。
これまでいつも人生を愛してきた。子どもたちに会いたい。
私には子どもがすべて。
もう魂もなくなってしまったような気がする。
魂や、人生に対する愛がどんどんなくなっていく感じがする。
なくなってほしくない。
楽しいことがしたい。自由になりたい。愛したい。
心配も不安もない、そんな愛がほしい。
大きな山の上で叫びたい。
その後で湖に飛び込んで、すべてを終わりにしたい。

I'm afraid—scared of being alone—desperate—feel done—Wondering what I did to be going through all of this?—Life is so hard-angry—Not afraid to die—Afraid of what to do to keep me alive—Sometimes dying is easier—Don't want to disappoint people in my life—Don't want to be a burden to my kids—they should be experiencing life, not taking care of me—This is not living, this is shit. Depressed. Love life usually— I want to enjoy my kids, they mean everything to me. I don't feel like I have a soul anymore. Feel like my soul and love of life is leaving. Don't want it to.

I want to be fun, free, loving—no worries, no cares—loose—love

Want to scream at the top of a big mountain, then dive into a lake and be free of ALL.

Kim

Sara

愛されるためには、自分が愛さなくては

何も見返りを期待せずに、人によくしてあげなくては

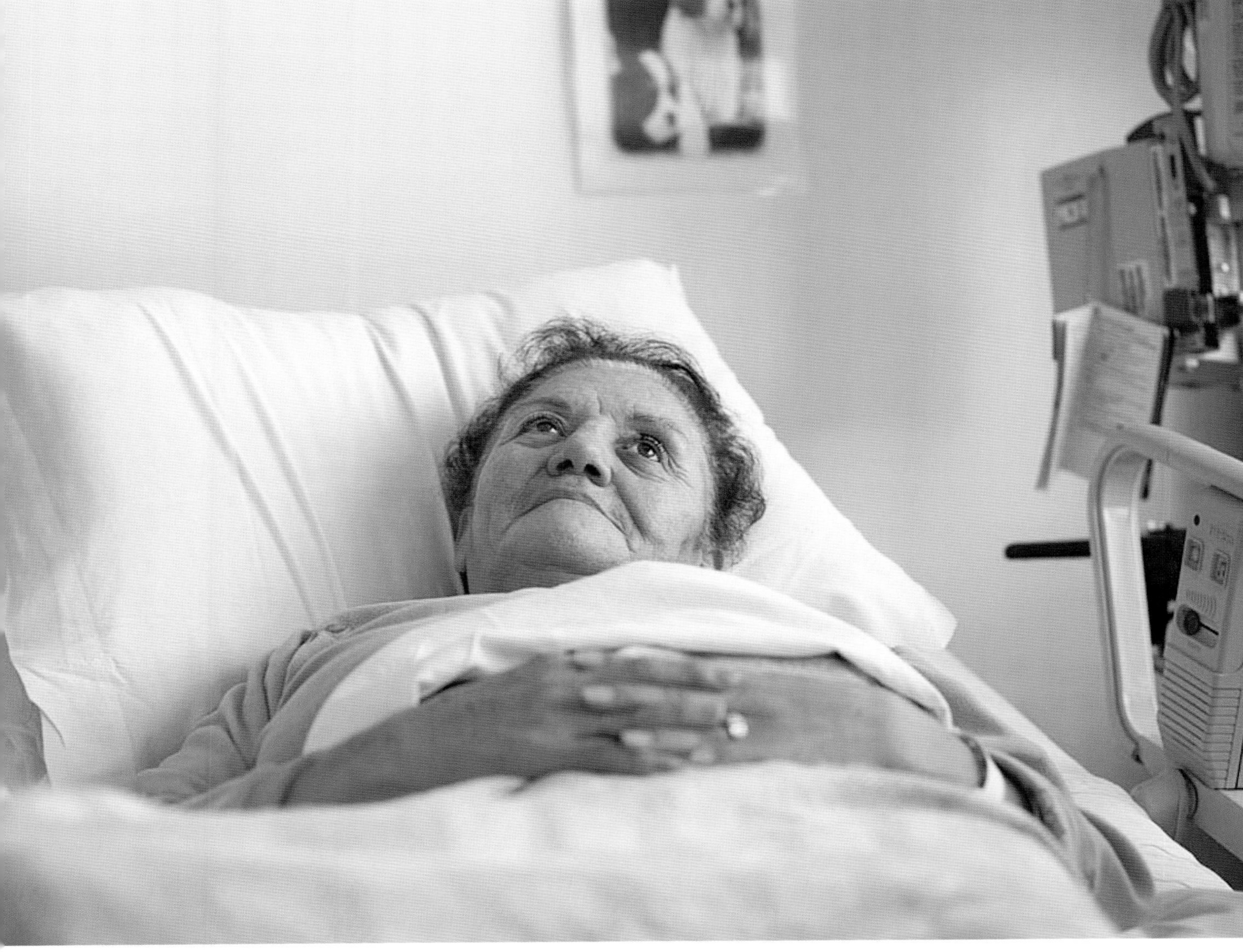

Sara
セーラ

人生は素晴らしいと思う。これまでずっと仕事も、喧嘩も好きだった。
そう、私にとって、人生は素晴らしい。

愛されて育てば、人を愛せるようになる。愛されるためには、自分が愛さなくては。
何も見返りを期待せずに、人によくしてあげなくては。
こういう感情は、自分の中から自然に出てくるもの。困っている人がいたら、
助けてあげたい。困っている人を見たら、たとえ知らない人であっても、助けたいと思う。だってその人は現実に困っているんだから。
よいことか悪いことか、そんなことはわからないけれど、とにかく助けたい。

―― 人生を振り返って、いちばん楽しかったことは？　できれば、具体的な思い出を挙げてもらえますか？
楽しくないときなんてなかった。

―― 本当ですか？
ええ、ほとんどどんなときも楽しかった。そりゃあ、たまには悲しいことや腹の立つこともあったけれど、そんなものはすぐに消えてしまい、人生は続いていくから。

―― あなたにとって、時間とは？
わからない。

私はいつでも向上心にあふれていた。
どんなことに直面してもうまく処理できるよう、心がけていた。
子どもの頃にそういうふうに教えられて、それが深く擦り込まれているのね。
私が死んでも、みんなは私のそういうところを覚えていてくれると思う。
そりゃあ、私を悪く思っている人だっているでしょうけれど、
よく思ってくれている人のほうがきっと多いと思う。

私はあれこれ愚痴を言うタイプじゃない。人に頼るのも嫌い。自分で考えて、行動してきた。
どうしたらいいか、まったくわからないときでも、「きっとうまくいく」と信じて、
全身で取り組んだ。そして実際、すべてがうまくいった。それが私のいちばんの誇り。

8-14-12

lo que se de todos los 5 años
que tengo con mi enfermeda es que
Dios siempre a estado con migo.
y el amor de mis Hijo es lo que
me a hecho seguir adelante con este
sagrificio y el amor a Dios y
quiero segir ~~a~~ adelante asta que
Dios quiera

gracias

Sara's letter　セーラの手紙

病気になってからの5年間で学んだことは、
つねに神がそばにいてくれるということ。
こんな状態になっても頑張っていられるのは、
息子の愛情のおかげ。
神が愛してくれているかぎり、生き続けたい。
ありがとう。

セーラ

What I learned from the 5 years that I have been sick is that God has always been with me and the love of my son is what has given me strength to keep going forward with this sacrifice...And the love for God, I want to keep going until God wants me to—

Thank you

Sara

Diana

• • •

DIANA KATZ

One morning I woke up in bed, and I felt rather tired so I decided to go back to sleep for a half hour or so – which I did.

I woke up 2½ months later in a nursing facility!! I learned then what had happend to me.

After a surgery and the rehab I was taken home. I worked on my walking, getting around etc. for a bit and was getting along quite well then got an awful stomach ache. So off I went to the hospital ER again.

After this slide I felt awful because I seemed (to me!) in such awful shape after the CRASH! More doctors and not much improvement Back to the hospital and testing.

So—

its difficult because. I have alwayss thought of my self as quite healthy — going to the gymn, camping, swiming and so forth. Now I can not do any thing much! — just wobble around from room to room etc!!

The most help I get is from knowing I have a terrific daughter — (which is now making me cry) and very nice friends who are wishing the best for me and very good care givers

When I get going again, (which I fully expect) I will owe those who care and helped me a BIG THANK YOU — because there is nothing big enough to say what I feel.

P.S. I'd be a Dead Duck. without CLAUD!

Diana Katz

Diana's letter　ダイアナの手紙

ある朝、目が覚めたら、全身がだるくて、あと30分くらい寝ようと思った。
次に目が覚めたのは2カ月半後だった。
目が覚めたら、そこは介護施設だった。私の身に何が起きたのか、説明を受けた。
手術とリハビリの後、家に帰った。歩く練習をして、少し散歩できるようになり、
すっかり元気になったと思っていた矢先、今度は恐ろしい胃痛に襲われた。
ふたたび病院の救命処置室に運ばれた。
その後は最低の気分だった。まるで交通事故に遭ったみたいな、
ひどい体になってしまった。あちこちの病院で検査を受け、
治療を受けたけれど、たいしてよくならなかった。
私は落ち込んだ。私はいつでも自分はすこぶる健康だと思っていた。
ジムに通うとか、キャンプに出かけるとか、泳ぐとか、何でもやっていた。
それが、ほとんど何もできなくなってしまった。
何かにつかまりながら、家の中をよろよろ歩くだけ。
唯一の救いは、素晴らしい娘がいることと、本当によい友達がたくさんいること。
私のことをすごく大切にしてくれ、とてもよく世話をしてくれる。
私は絶対に快復すると信じているけれど、快復したとしたら、
それはひとえに私の世話をしてくれた人たちのおかげだ。
みんな、ありがとう。いまはそれしか言えない。

追伸
いま生きていられるのはクロードのおかげだ。
ダイアナ・カッツ

One morning I woke up in bed, and felt rather tired so I decided to go back to sleep for an half hour or so—which I did.

I woke up 2½ months later in a nursing facility!!
I learned then what had happened to me.

After a surgery and the rehab I was taken home. I worked on my walking, getting around etc. for a bit and was getting along quite well, then got an awful stomach ache. So off I went to the hospital ER again.

After this, I felt awful because I seemed (to me!) in such awful shape after the CRASH! More doctors and not much improvement. Back to the hospital and testing.

So—it's difficult because I have always thought of myself as quite healthy—going to the gym, camping, swimming and so forth. Now, I cannot do anything much!—Just wobble around from room to room, etc!! The most help I get is from knowing I have a terrific daughter (which is now making me cry) and very nice friends who are wishing the best for me and very good care givers.

When I get going again (which I fully expect), I will owe those who cared and helped me along.

THANK YOU, because there is nothing big enough to say what I feel.

P.S. I'd be a dead duck without Claud!
Diana Katz

Josefina

いつどこで死ぬのかはわからないけれど、誰にだって「その日」が来る

死ぬのは怖くないわ。幸せな日々をたっぷり生きてきたから

Josefina
ジョセフィーナ

毎晩かならず夢を見る。一度も会ったことのない人たちが出てくるの。
夜はずっと夢を見ているので、昼間はずっと眠くて、居眠りばかりしている。

よく水の夢を見る。鮮明なときもあれば、ぼんやりしていることもある。
水が流れてくるんだけれど、家の中までは入って来ない。
玄関とか、歩道で止まって、それ以上は来ない。

人生は死の待合室。私たちはただそこを通り過ぎるだけ。誰だって知っている。
私たちは生まれた瞬間から、死に向かって進んでいくのだということを。
いつどこで死ぬのかはわからないけれど、誰にだって「その日」が来る。
私は落ち着いているわ。自分が死ぬのだということがわかっているから。
だから毎晩、神様に向かって言う。
「あなたはご自分のなさっていることをよくご存じですよね」
死ぬのは怖くないわ。幸せな日々をたっぷり生きてきたから。

── これまで一度も死を恐れたことがないのですか？
ええ、ただの一度も。それに、若い頃は人生についても、死についても、
まったく考えなかった。ただがむしゃらに生きていた。
年をとってからはじめて考えるようになった。
私たちはみんな死ぬのだということを。
植物だって、動物だって、みんな死ぬのよ。

── 人生でいちばん辛かったことは？
いちばん辛かったこと？　家族、とくに祖母との暮らしね。楽しい思い出はひとつもないわ。
愛情のひとかけらももらえなかった。人間ではなく、物のように扱われた。
家族全員がそんなふうに私を扱った。

── 今は彼らを許していますか？
ええ、全員を許しているわ。ひどいことをされたけれど、いまは許している。

誰もがかならず死ぬ。逆戻りはできない。
生まれ変わりなんて、信じていないわ。
聖書には違ったふうに書いてある。
反論するつもりはないけれど、聖書に書いてあることは信じていない。
そのときが来たら、誰だって死んで、無になる。
土に戻る。自分が死ぬとき、世界も終わる。

── 人はあなたのどんなところを忘れないと思いますか？
もちろん私が死んだ後、みんなは私の言ったこと、したことについて、あれこれ話すでしょう。
みんながよく、「ママはよくこう言った」とか「おばあちゃんはいつもこうした」とか言うじゃない？
みんな、死ぬまで私のことを覚えていてくれるでしょうよ。

Me llamo Josefina López

mi madre murió cuando tenía 9 años. me quedé con mi abuela ya anciana. me puse a trabajar cuidando niños. más adelante trabajé en casas limpiando y cocinando - ganaba 12 pesos al mes. era poco lo que me quedaba ya que le daba a mi abuela la mitad de mi sueldo. pasó un tiempo y decidí irme a otro lugar que se llamaba Cajeme hoy se llama Ciudad Obregón. seguí trabajando otro tiempo y hasta que me fui a [illegible], a Ciudad Morelos- ahí me casé- tuve 6 hijos siempre trabajé dando de comer a los trabajadores del campo mi esposo me ayudaba. pusimos un restaurant que se llamaba los Sauces nos iba bien, mis hijos pasaron a la escuela [illegible] estudiaron. mis hijos eran muy obedientes y nos respetaban todo iba bien teníamos 23 años de casada cuando mi esposo tuvo un accidente de carro y murió el mismo día. Jorge mi querido [illegible] trabajó en el restaurant. no tenía ganas de nada quedé muy deprimida. mis hijos crecieron la primera María Elena y Francisco el segundo fue a secundaria a Tijuana el Agua Caliente. cuando terminó se casó. sufrí mucho mucho yo tenía la esperanza de que trabajara. pero que entre él y su hermana los ayudaron. todos mis hijos se [illegible] a estudiar poco a poco me quedé sola todos mis hijos se [illegible] a ellos a pesar de todo ellos me demostraban y me demostraron el gran cariño el amor que sintieron por mí tengo esta larga vida por [illegible] [illegible]. todos mis hijos están casados tienen hijos todos son [illegible] me demostraron su amor. María Elena y mi [illegible] muy amorosos me [illegible] cuidando mi ahora que estoy delicada de salud. siempre están [illegible] yo desde el fondo de mi corazón se los agradezco también tengo nietos y son muy amorosos.

Josefina López

Josefina's letter　ジョセフィーナの手紙

私の名前はジョセフィーナ・ロペス。
母は私が9歳のときに死んだ。
すでに高齢だった祖母に引き取られた。私は子守りの仕事を始めた。
その後は家の掃除や料理をして、ひと月12ペソ稼いだ。
給料の半分は祖母に渡したので、私の手元にはほとんど一銭も残らなかった。
しばらくして、私はカヘメ（メキシコ）のシウダード・オブレゴンという町に
行くことにした。そこでしばらく働いてから、モレロスに移った。
ちゃんとした仕事について、子どもを6人産んだ。
毎日、使用人たちに食事を作った。
夫が手伝ってくれた。夫とふたりでロス・サンチョスという
レストランをやっていたのだ。
店は繁盛した。でも結婚してから23年目に、夫は交通事故に遭って、
その日のうちに死んでしまった。レストランを続ける気が失せた。
いや、何をするのもいやになった。ひどい鬱になってしまった。
子どもたちは順調に育ち、長女のマリア・エレナと
長男のティラネロはティファナとアグア・カリエンテの高校に進学した。
長男は卒業するとすぐに結婚した。これにはがっかりした。
妹や弟たちが学校に行けるよう、助けてくれると思っていたので。
子どもたちは全員アメリカに行ってしまった。
でもみんな、私を愛してくれている。
みんなが愛情を示してくれる。
私が長生きしたのは、ひとえに子どもたちの愛情のおかげ。
みんなそれぞれもう子どもがいるけれど、私のことを大事にしてくれる。
病気になってからは長女のマリア・エレナと孫娘のエリンダが世話をしてくれる。
可愛い孫たちがいて、とても幸せだ。

ジョセフィーナ・ロペス

My name is Josefina Lopez.
My mother died when I was 9 years old. I stayed with my grandmother who was already elderly. I started to work taking care of children. Later on, I started to work cleaning houses and cooking—I was earning 12 pesos a month. I had very little left over since I was giving half of my salary to my grandmother. Some time went by and I decided to go to another place called Cajeme, today it is called Ciudad Obregon. I continued working for a while until I went to another place, to Morelos City—there I was cured—I had 6 children I always worked feeding the field workers my husband always helped me. We had a restaurant that was called Los Sanchos we did all right, my children went to school, some studied. Some of the children were very obedient and respectful I had been married for 23 years when my husband had a car accident and he died on the same day and I no longer wanted to work in the restaurant. I didn't want to do anything, I was very depressed. My children grew up, the first one Maria Elena and Tiranero the second one went to secondary school in Tijuana and Agua Caliente. When he finished school he got married. I suffered a lot as I had hoped that he would work so that between him and his sister would help them study and little by little I was left alone, all my children went to the USA despite everything they showed me and still show me their great affection and love towards me. I have this long life for one reason. All my children are married, they have children and all of them are very loving they show me their love. Maria Elena and my granddaughter Elinda are always taking care of me now that I am not well. From the bottom of my heart I am also grateful I also have great grandchildren and they are lovely.
Josefina Lopez

Sally

私にとって幸福とは、気分がよいこと

そして、誰かの気分をよくしてあげること

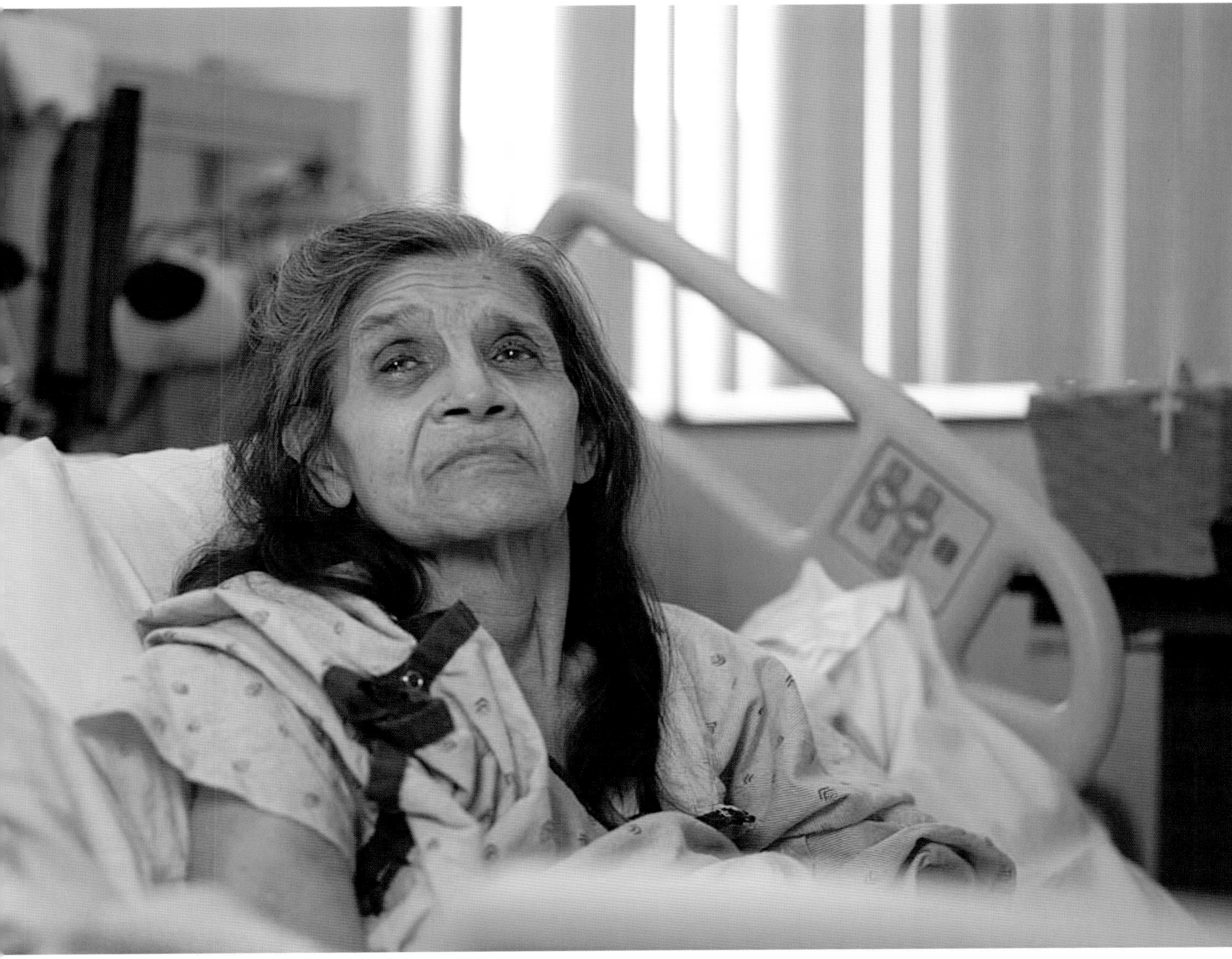

Sally
サリー

私は若い頃から大黒柱タイプの人間だった。
結婚してからも、請求書の支払いとか、何でも私がやった。
夫が亡くなった後も、私ひとりで家族を養った。

弟や妹は病気がちで、あの子たちには、いつでも何かが起きる。
それで私が何から何までやっていた。
ところが突然、この私がガンになってしまった。
時々、十字架を見て、こうつぶやく。
「神様、どうしてこんな目に遭わなくてはいけないんですか？」
痛み、それも耐えがたい痛みに襲われると、我慢できなくて、「死んだほうがましだ」と思う。

でも、ふと気がつく。「死を望むなんて、とんでもないことだ」
もし神様が私を死なせたいのなら、とっくの昔に死なせたはずだ。

誰かに愛されていると、世界がまったく違って見える。
誰かが私のことを思ってくれると、どんな難題でも克服できる。
私にとって幸福とは、気分がよいこと、そして、誰かの気分をよくしてあげること。
自分の何が他の人を幸せにするのか、自分でもわからないのだけれど。

Today is Wensdy Sept 25, 2012
I am in the Hopital today is the 9th dx
ill be going Home, But I was Hopin
That I didnt Have to, I still dont
Be Good, it mens more work
for my girl, But the docto sed
to go Home, I feel so helple,
unable to Help mysolf, All I
cam Do is pray to God for hel
hear so I won be to much
Trouble to me, God is Always
with us I hope I Don't come
To The Hspil to cule A lon Time

Shelby

Sally's letter　サリーの手紙

今日は2012年9月25日水曜日。
私は病院にいます。今日は退院する日です。
でも退院したくありません。
まだ気分がよくないし、家に帰ると娘の仕事が増えます。
でも先生は退院だと言います。どうすることもできません。
自分では何もできません。
できることは、娘が苦労しませんように、
私が家族の負担になりませんように、と
神様に祈ることだけ。神様はつねに私たちとともにいます。
もう当分は入院したくありません。

サリー

Today is Wednesday, September 25, 2012. I am in the hospital today. Today is the day I'll be going home. But, I was hoping that I didn't have to. I still don't feel good. It means more work for my girl, but the doctor said to go home, and I feel so helpless. Unable to help myself. All I can do is pray to God for her to help, so I won't be too much trouble at home. God is always with us. I hope I don't come to the hospital again for a long time.
Sally

Chuck

愛というのは、心の奥底にあって、本当に感じられるものだ

愛は、人生最大の喜びだ。そう思わずにはいられない

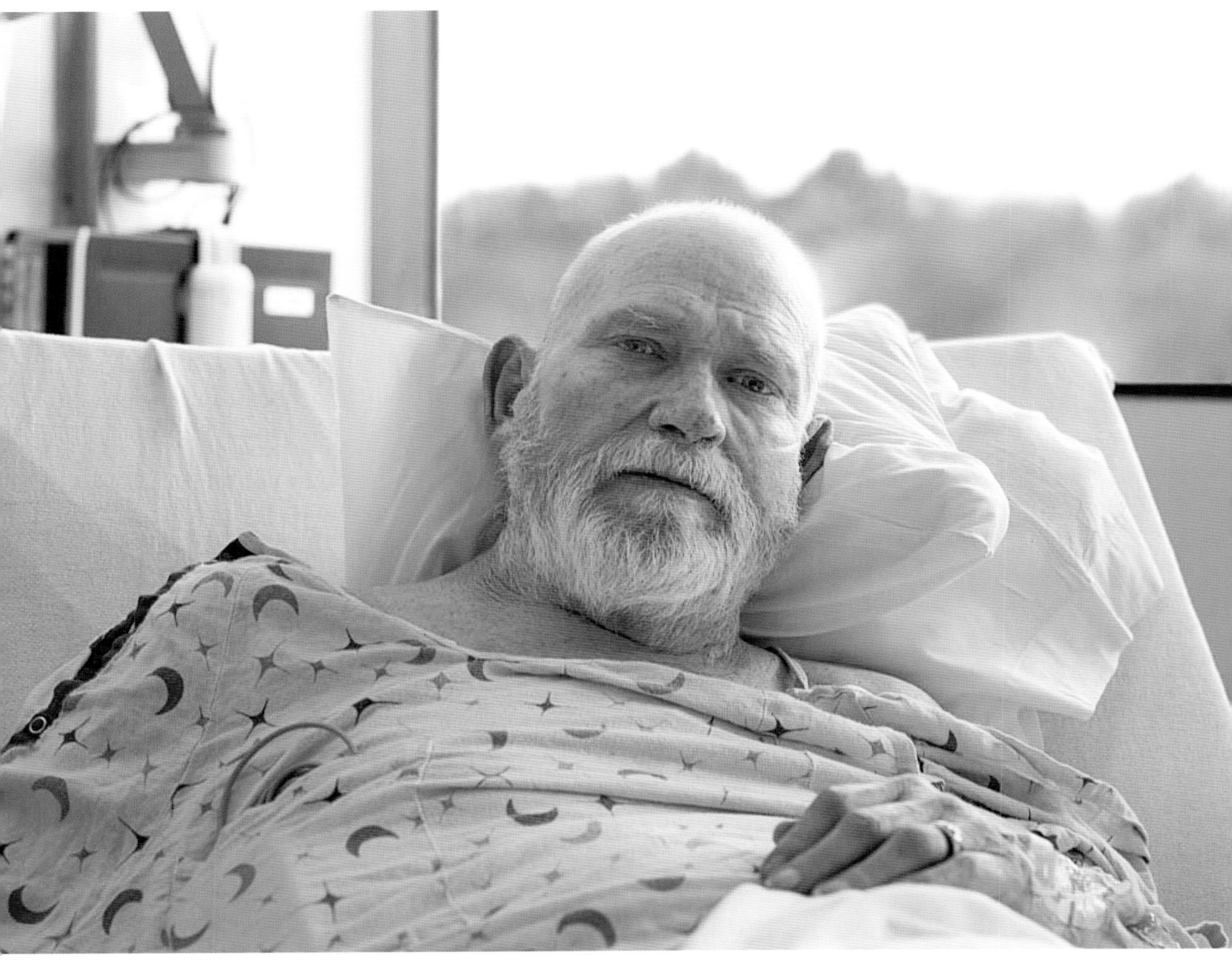

Chuck
チャック

私はがっかりした。
38年間、ロッキード・マーティン社で研究と開発に携わっていたんだが、
会社はそれを大量生産化しようとした。
研究と開発を大量生産化するなんて、できるはずがないじゃないか。

私の信仰はたぶん祖母譲りだ。祖母は敬虔なキリスト教徒だった。
みんなから愛され、みんなを愛し、人生を愛していた。
祖母はよくこう言っていた。
「神の名のもとにふたり以上が集まったら、それはもう教会。どこかの山の上にひとりでぽつんと座っていることもできるけれど、でも、ひとりでいたって、そこにはふたりいるの。あなたとキリスト」
その言葉が私の人生を決定づけた。私は本当に神を信じている。

私は人生をエンジョイした。よく思い出すのは子ども時代のことだ。
よく兄弟と野球をやった。よくママもいっしょにやった。
もう少し大きくなって、オフロード・オートバイを始めると、
ママもバイクを買って、息子たちといっしょに走った。

どんなときが幸せだったか、って？
そのリストのいちばん上に来るのはサリーと結婚したときだ。
35年間いっしょに暮らした。結婚するまで、私は1年間彼女にアタックし続けた。
初めて会ってすぐに恋に落ちたんだが、彼女のほうではそうじゃないということは
わかっていた。
彼女が折れるまで1年以上かかった。
とにかく口説き続けた。
何度となく、こう言った。
「僕はずっと君のことを追いかけ続けるよ。君以外には考えられないんだ」
ある日、とうとう彼女は「いいわ」と言ってくれた。

あれは人生最高の日だった。その日の細かいことは何も覚えていない。
とにかく何度も求婚したからね。ほとんど毎日さ。ついに、カンザス州のオタワで結婚した。
牧師が「生涯愛しますか」と訊いたとき、私は「愛します」と叫んだ。
けっして怒鳴るつもりじゃなかったが、思わず叫んでしまった。
彼女は、それ以来ずっと心の友だった。

後悔？　そうだなあ、未来の妻と出会って、ママを傷つけたことかな。
ずっとママといっしょにいるつもりだったからね。
でも、ママだって、それを乗り越えるべきさ。

幸せな一生だった。

当たり前かもしれないが、人生は、生きているうちしか楽しめない。
いつでも精一杯生きたと言う自信はないけれど、じゅうぶんに楽しんだ。

やりたいことを全部やったわけじゃない。
体のことは、また元気になりたいが、精神的にはもうじゅうぶんだ。

愛というのは、心の奥底にあって、本当に感じられるものだ。
誰かが自分のことを愛してくれるっていうのは、とてもいい気持ちだ。
本当にうれしいものだ。うまく説明できないが。
愛は、人生最大の喜びだ。そう思わずにはいられない。

永遠の生命？　そんなもの、いらないね。

世界というのは人間がつくるものだ。
幸福な人生を送っている人も、惨めな人生を送っている人もいるが、
私に言わせれば、自分から進んで惨めな生活をしている人が多いね。

I Lived @ Home with my mom + Dad until I was 35 yrs old I worked for LockHead AirCraft Corp for 34 yrs

I Met my wife in 1974 we were married in 1975. we're Married for 35 yr she passed away in Feb. 2010 of Diabetes. She was married + Divorced Before I Met Her. + her two great girls

Chuck

Chuck's letter チャックの手紙

私は35歳まで両親の家にいた。
ロッキード社に39年勤めた。
1974年に妻と出会い、75年に結婚した。
35年間、結婚生活を送った。
妻は糖尿病で2010年2月に亡くなった。
彼女は私に会う前に一度結婚していて、大きな娘がふたりいる。

チャック

I lived at home with my mom and dad until I was 35 years old. I worked for Lockheed aircraft for 39 years. I met my wife in 1974. We were married in 1975. We were married for 35 years. She passed away in February 2010 of diabetes. She was married and divorced before I met her and her two great girls.
Chuck

John

死んだら、家に帰るだろう

死とは、痛みのない新しい人生の始まりだ。そんなふうに思う

John
ジョン

自分の殻に閉じこもらないように、と努力している。
大勢の人が世話をしてくれる。遠慮なく世話になることにしよう。
私の信仰は、家族から来たものじゃない。
自分の身に起きたことのせいで、信仰心をもつようになった。
困ったときには、この信仰にしがみつく。
なるようになるさ、と思っている。あとは神様がなんとかしてくれる。
だから、無理はしないようにしている。
死んだら、家に帰るだろう。

死とは、痛みのない新しい人生の始まりだ。そんなふうに思う。
恋人はいらない。怖いときには、本当の思いやりと助けさえあればいい。

人生最大の出来事は、たぶん父の死だ。
いまの私みたいに入院して、さんざん痛みに苦しんだ。
なるようにしかならないと考えれば、気が楽になる。他の人の期待に応える必要なんかない。
自分の期待に応えれば、それでいいのだ。
悔いはない。よい子どもだったし、大人になってからも善良で、両親にもよくした。
幸いなことに、私は何事にも前向きだ。
そうでなかったら、何ひとつ望みがもてず、きっと辛いだろう。

大勢の人が助けてくれる。病気になってはじめて気がついたが、
助けてくれる人はたくさんいる。
昔は人の助けを求めなかった。求めたほうがよかったのかもしれない。
うちの隣には庭師が住んでいるんだが、彼は私の顔を見て、
「痩せすぎだよ。医者にいったほうがよい」と言って、私を病院に連れて行ってくれ、
支払いもしてくれた。そのおかげで私はいま病院で治療を受けている。

いい人間でいるというのは、気分がいい。
時間なんて、ただの尺度にすぎない。
何かにすっかり騙されることもあるし、自分で自分を騙して何かを信じ込むこともある。

I AM so thankful for my Gardener Andres for picking me up AND taking me To the Doctor's because he Thought I WAS getting sick. I finally let him take me in AND it turned out to be a cancer or a big blockage in my colon. Afer the Doctor Andres picked me AND my Best Friend up since I was in Grade school, Steffani. Well I checked in AND it was All so overwhelming. Blood, Machine, shots, but I'll make it. My Best friend ~~Steff~~ just called me. She hasn't left my side in DAYS. She needs her rest too. I'm praying in my head right This Minute That The Lord is now helping AND watching us both. She is A rock, my rock. Lord God guide us in both struggles. I'm good at helping her, Not so much myself. I feel A bit funny at giving her The very same Advise she gives me. Very Ironic. I need her to be strong so she Needs me. I AM being photographed yet I earn to help her. This feels now like a sick joke. Ying & yang, The Captin & the kid, stepping into A ring, ending up

At The same starting point. A River of SAD, yet healing waters is coming. Feilds AND Dreams, hopeful, yet far Away is help. The LAND of OZ. I pray there is not A CHARLATIN behind A curtin, pulling it Away. I wish i could klick my heels AND go home but I am to far in. Only foward now is healing, only foward can I help Steffani, & myself. I HAD A BAD reation to medicine. AND I KNOW you CAN fool yourself into Anything. I must Not be fooled, I have to face the way it is. I WANT the LORD to help me, AND he will. I believe in miracles AND I get miracles. So Faith is A key in these things. I must Trust, & Love. believe AND Disbelieve At the same Time. Ying AND YANG Again. A Long Road. A new home. Gold And silver. Doctors AND Nurses. I HAVE A Neice Jessica, Steff's DAughter I'm not sure what she knows and does not know but she is Tougher Than I Think. I must get stronger for myself, but I'm shy. Cancer, Love, MONEY, Greed smells. Jeasus will find me a place. Steff will find me A place. GOD heals, CANcer Kills. I will get out the other side AND All will be. Good. I Love you, Trust you AND Believe. I DO believe NOW more THAN ever. JOHN

John's letter　ジョンの手紙

アンドレスには心から感謝している。
彼は私の顔を見て、病気だと思い、医者に連れてきてくれた。
検査したら、ガンだった。結腸に大きな腫瘍がある。
その後、アンドレスは私とステファニーを乗せて病院に連れて行ってくれた。
ステファニーは小学校以来の友だちだ。
病院では、血液検査、いろいろな機械を使った検査、注射など、
目が回るようだった。でも、頑張るつもりだ。
親友のステファニーはたまたま電話してきて、私が病気だと知ると、
何日間もずっと私の横にいてくれた。彼女も休息が必要だと思う。
私はいまこの瞬間も、頭の中で祈っている。神は私を助けてくれる。
ふたりを見守っていてくれる。
ステファニーは岩のようにしっかりしている。私の岩だ。
神様、私たちふたりを導いてください。
私はステファニーを助けるのは得意だが、自分を助けるのはうまくない。
彼女の助言とまったく同じ助言を彼女にするのは、自分でもちょっと滑稽だけれど。
いま、写真に撮られている最中だが、ステファニーを助けたいという
気持ちが湧きあがってくる。なんだかブラックジョークみたいな感覚だけれど。
陰と陽、キャプテンとキッドがひとつの輪になって、
ふたりが同じスタート地点に立つ。

悲しみの河。でも、癒やしの水が流れてくる。
希望に満ちた野や夢。でも助けはまだ遠い。オズの魔法使いの国。
幕の後ろから偽の魔法使いが出てこないことを祈る。
ぱっと立ち上がって家に帰りたいが、とてもできそうにない。
治療はまだまだ続く。
ステファニーと自分を救うのはまだ先のことだ。
抗ガン剤が合わなくて、辛い。目を背けないで、事態を直視しなくては。
神に助けてもらいたい。きっと神は助けてくれる。奇跡を信じている。
実際、奇跡が起きている。そう、だからこういうときには信仰が必要なのだ。
信じ、愛さなくてはいけない。信じる、信じない、どちらも同時にできなくては。
これも陰と陽だ。長い道。新しい家。神と銀。医者と看護師。
私にはジェシカという姪がいる。ステファニーの娘だ。
彼女が何を知っていて、何を知らないか、私にはわからないが、
きっと私より気丈だと思う。
私ももっと強くならなくてはと思うが、恥ずかしがり屋だからね。
ガン、愛、金、欲、匂い。イエス様は私の場所を見つけてくれるだろう。
神は癒やし、ガンは殺す。私はこの場所を抜け出して、みんなのいる所へ行く。
いいじゃないか。私はみんなを愛している。信頼している。信じている。
これまでにないほど心から信じている。
ジョン

I am so thankful to my gardener Andres for picking me up and taking me to the doctors because he thought I was getting sick. I finally let him take me in and it turned out to be a cancer or a big blockage in my colon. After the doctor, Andres picked me and my best friend up since I was in grade school, Steffani. Well I checked in and it was all so overwhelming. Blood, machines, shots...but I'll make it. My best friend Steff just called me. She hasn't left my side in days. She needs her rest, too. I'm praying in my head right this minute that the Lord is now helping and watching us both. She is a rock, my rock. Lord, God, guide us in both struggles. I'm good at helping her, not so much myself. I feel a bit funny at giving her the very same advice she gives me. Very Ironic. I need her to be strong and she needs me. I am being photographed now yet I yearn to help her. This feels now like a sick joke. Yin & Yang, The Captain and the Kid, stepping into a ring, ending up at the same starting point.
A river of SAD, yet healing waters are coming.
Fields and dreams, hopeful, yet far away is help. The Land of Oz.

I pray there is not a charlatan behind a curtain, pulling it away. I wish I could clack my heels and go home but I am too far in. Only forward is my healing, only forward can I help Steffani and myself. I had a bad reaction to medicine and I know you can fool yourself into anything. I must not be fooled, I must face the way it is. I want the Lord to help me, and he will. I believe in miracles and I get miracles. So faith is a key in these things. I must trust and love, believe and disbelieve at the same time. Yin and Yang again. A long road. A new home. Gold and silver. Doctors and nurses. I have a niece, Jessica, Steff's daughter— I'm not sure what she knows and does not know but she is tougher than I think. I must get stronger for myself, but I'm shy. Cancer, love, money, greed, smells. Jesus will find me a place. God heals, cancer kills. I will get out the other side and all will be. Good. I Love you, Trust you and Believe. I do believe now more than ever.
John

Ediccia

人生で2回、恋をした。相手がぴったりの人だったら、最高

自分の片割れを見つけたという感じ

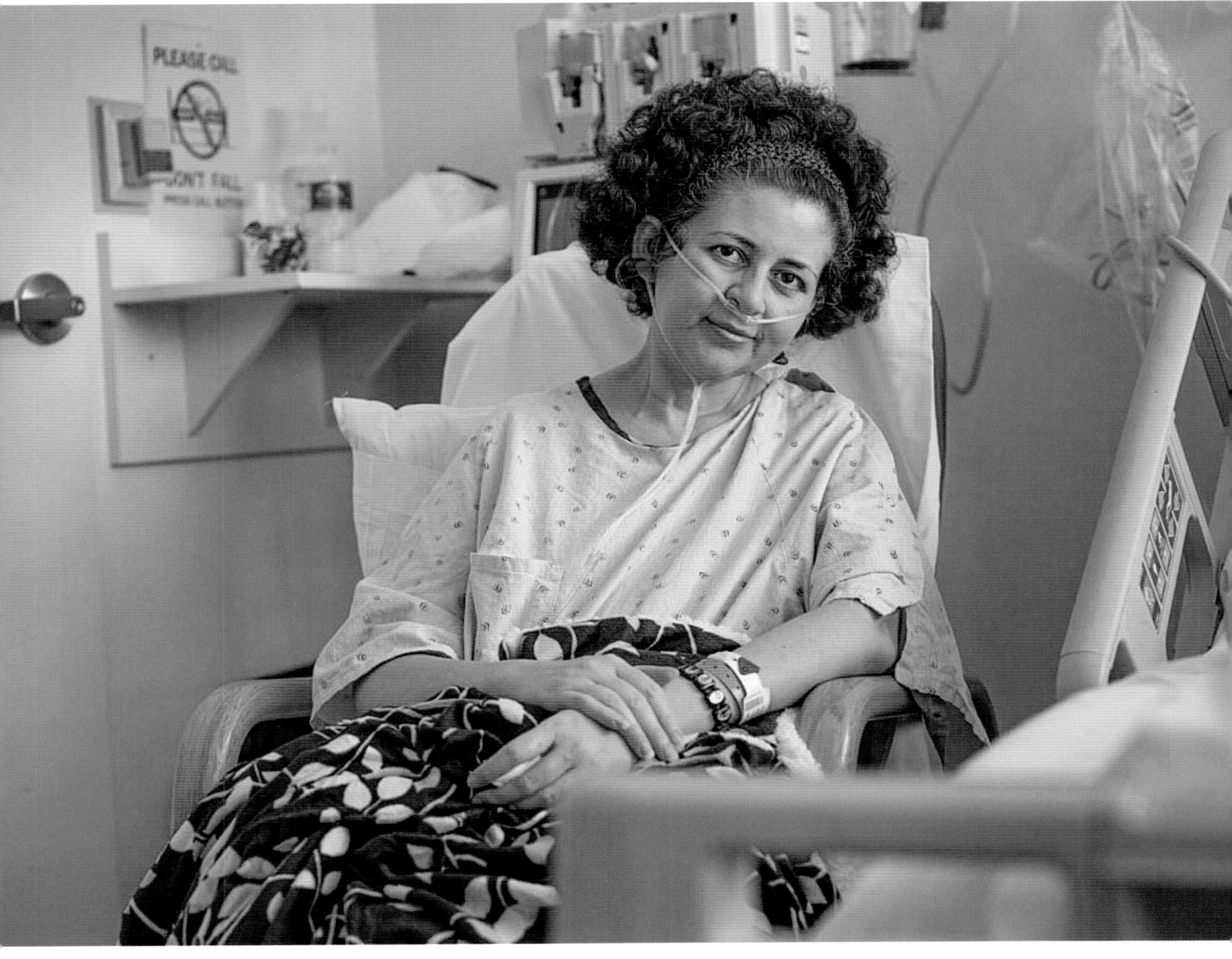
PLEASE CALL

Ediccia
エディッシア

ガンを診断されたとき、世界が音を立てて崩れた。
最初に頭に浮かんだのは夫と子どもたちのこと。
私自身は怖いかもしれないけれど、彼らは辛い思いをするだろう、って。

希望を抱いている。諦めてはいない。
私の信仰は深いから、
どんなことでも起こりうることを知っている。
私がいつこの世界から去って行くのかを決めるのは神様だ。医者じゃない。
これは宗教じゃない。神様と対話しているの。
わかっている、私はいつか、どこかへ行かなくてはならない。みんなと同じように。
でも行きたいときに行けるわけじゃない。神様がそれを望んだときだ。
でも私は神様に、もう少し時間をくださいとお願いしている。

以前のようなことはもうできないかもしれない。
体中が病気に冒されていて、体がよく動かない。
それを直視しなくては。
でも、目が覚めて、新しい日を迎え、お日様を見るだけで、とても幸せになれる。
いまは病院にいるけれど、いちばん下の子が学校を出たら、家に寄ってくれたり、電話をくれたりするだろう。私を励ますために。
いちばん上の子はもう大学生だから、時々病院に来て、そばにいてくれる。
とても感謝している。

最初はとても怖かった。その恐怖は3カ月続いた。
でも、ふと思ったの、私は信心深い人間だ。怖くたって、きっと何とかなる。
イエス様に向かって手を伸ばせば、イエス様は私の手を取って導いてくれる。
だから毎日祈っている。イエス様が私をどうするつもりか、それはわからない。
病気を治してくれるかどうか、それもわからない。奇跡を起こしてくれるだろうか。
私は他の人としゃべるのと同じように、神に話しかける。ただし、口ではなく、心を使って。
「どうして私なんですか？　どうして私はこんな目に遭わなくてはいけないのですか？」なんて言わない。私の身に起きたことに、理由なんてない。
黙って受け止めるほかない。強くならなくては。

自分が不治の病にかかっていると考えると、恐ろしい。
祈りのおかげで、私は強くなった。恐怖心が減った。私のいちばんの心配は息子たちのこと。
血の繋がりのない人が助けてくれ、友だちになるのは、本当に気持ちがいい。

―― 人生でいちばん幸せだったときは？
おじいちゃんとすわって、コーヒーを飲みながら、おしゃべりしたこと。
そうやって過ごす時間が大好きだった。本当によい時間だった。とてもなつかしい。
それと、子どもたちが生まれて、はじめて顔を見たとき。
ああ、これが私の子ども、私の息子なんだ、って。最近は、神様に守られている気がする。

ひとつだけ後悔していることがある。
残りはすべてそのままでいいから、ひとつだけ書き換えたい。でもそれは言えない。
もし口にしたら、何のことか、みんなにわかってしまうから。

幸福は、とても単純なこと。
朝、目を開けた瞬間が大好き。窓辺にたくさんの鳥が集まって鳴いているのを聞くのが好き。いまはそれが人生最大の楽しみ。ああ、それと、お日様にあたること。

あるとき、神様にこう祈った。
「私に関して、どういう計画を立てていらっしゃるのか、わかりません。私はとくに誰かを求めてはいませんが、もし誰かが必要だと考えていらっしゃるのなら、神様がその人を選んでください。私には選べません」
実際、神様は選んでくださった。そう思っている。

人生で2回、恋をした。相手がぴったりの人だったら、最高。
自分の片割れを見つけたという感じ。
何も口に出して言わなくても、こちらの言いたいことをわかってくれる、
そういう人がとうとう見つかったんだ。
そう、最適の人と出会うって、素晴らしい。

病気になってはじめてわかった。こんな目に遭っているのは私だけじゃない。
私の容態はかなり悪いけれど、もっと悪い人もいる。
家族や夫に助けてもらえず、ひとりで苦しんでいる人もいる。
時々、世界は公平じゃないと思う。治療可能なガンなのに、医者にかかる費用も、
薬を買う費用もない、そういう人もいる。

―― あなたにとって、時間とは？
時間？　私は一秒たりとも無駄にしたくない。
最大限の努力をして、楽しく過ごしたい。
私にとっては、それが時間というもの。

最期まで諦めなかった人として、みんなに覚えておいてもらいたい。
私は少し自分に厳しすぎたかもしれない。いまになって、ようやくそれがわかった。
もし戻れるものなら、もっと人生を楽しみたい。
先に延ばしてもよいことと、延ばせないことの違いを見分ける方法を学ぶべきだった。

At this moment in my life I feel blessed for all the wonderful people are with me through this journey. New friends, all friend and relatives who you usually see for the Holidays and now they're always with me any day or time of the day when they feel I need a Friend's hand to hold on.
Having my Dear husband (Raymond) who's always by my side in good and bad times and for all the patience he has through this hard journey. My beautiful boy's Alfonso 18yrs, Alexander 17yrs who are still teenagers and this health situation It must be very hard for both of them, still they're doing well at school and trying to have a normal life just like their friends!
I'm also blessed for having my mother, she's been there for me through all this, and I want her to know how much I love her and appreciate her help.
In conclusion all the wonderful people who are there always for me like:
my friend - Deonna, my brother, Anthony
TATA - Alfonso, brother's wife: Gabriella
Thank you all from the bottom of my heart. I will always love you. And of course special thanks to our Lord for Giving me all I have until this Day.

[illegible]

Ediccia’s letter　エディッシアの手紙

いま、私は恵まれているなあと感じている。
とてもいい人たちが、私の旅に同行してくれている。
新しい友だちや、昔からの友だち、
そして通常は休みの日にしか会わなかった親戚が、
いまでは、私が誰かの手を握っていたいと思うときには、
いつでもそばにいてくれる。
愛する夫レイモンドは、幸せなときも辛いときも、ずっとそばにいてくれ、
この苦しい旅に付き添ってくれる。
そして私の素晴らしい息子たち。アルフォンソは18歳、アレクサンダーは17歳。
まだ十代だから、母親がこんな状態で、さぞかし辛いだろうが、
まじめに勉強しているし、友人たちと同じような
普通の生活をするようにと努めている。
母も、私が病気になってからずっとそばにいてくれる。
私がどんなに母を愛し、母の思いやりにどれほど感謝しているか、
それを母に伝えたい。
そして家族以外にも、素晴らしい人たちがいつもそばにいてくれる。
親友のデオンナ、弟のアンソニー、タータ、アルフォンソ、弟の妻ガブリエラ。

心からみんなに感謝している。いつまでも、いつまでも、みんなを愛している。
そしてもちろん、神様にはとりわけ感謝している。
私がもっているものは、すべて神様がくださった。

エディッシア

At this moment in my life I feel blessed for all the wonderful people that are with me through this journey. New friends, all friends and relatives who you usually see for the Holidays and now they're always with me at any day or time of the day when they feel I need a friend's hand to hold on. Having my dear husband, Raymond, who's always by my side in good and bad times and for all the patience he has through this hard journey. My beautiful boys, Alfonso, 18 years, and Alexander, 17 years, who are still teenagers and this health situation—It must be very hard for both of them. Still they're doing well at school and trying to have a normal life just like their friends! I'm also blessed for having my mother, she's been there for me through all this, and I want her to know how much I love her and appreciate her help. In conclusion, all the wonderful people who are there always for me like: my friend—Deonna, my brother, Anthony, Tata, Alfonso, my brother's wife, Gabriella.

Thank you all from the bottom of my heart. I will always love you. And of course special thanks to our Lord for giving me all I have until this day.
Ediccia

Joe

• • •

I feel like I am the luckiest man in the world. I have a wonderful wife, son and daughter great grand children and great grandchildren. No one could ask for more than that

Joseph Montone

Joseph's letter　ジョー（ジョゼフ）の手紙

自分は世界一幸運な男だと思うよ。
素晴らしい妻、息子、娘、孫たち、ひ孫たちがいる。
誰だって、これ以上は望めないだろう。

ジョゼフ・ナーダン

I feel like I am the luckiest man in the world. I have a wonderful wife, son and daughter, great grand children and great-grandchildren. No one could ask for more than that.
Joseph Nardone

Irene

人生のどの瞬間に戻りたいか、って？　私が戻りたいのは、いまこの瞬間

毎日、今日は昨日より素晴らしい、って思う

Irene
アイリーン

今日はいい日ね。窓から、木の葉が風で揺れているのが見える。
生きてこの景色が見られるなんて、なんて幸せなんでしょう。
毎晩､「幸せだ。健康だ。愛している。満足している。感謝している」と、
108回唱えてから寝るの。

心臓移植手術を受けてから、夢をまったく思い出すことができなくなった。
神を、人々の魂を、家族を、夫を、信じている。
人生で最高の出来事は、彼と結婚できたこと。
自分で思っている自分、それが本当の自分だと思う。

私の神様は上のほうにいる。母や父や祖母といっしょに、天国にいる。
神様は私のことを見守ってくださっている、そう信じているけれど、神様には何もお願いしない。健康でいさせてください、とか、物理的なことは一度もお願いしたことはない。
いま起きていることはすべて神様が決めたこと。
ある日、私がお医者さんに「生きていられるのは先生のおかげです」と言ったら、
先生は「いや、神のおかげです」と答えた。

友だちがいて、彼らと話ができることも、神様の贈り物。
人生のどの瞬間に戻りたいか、って？　私が戻りたいのは、いまこの瞬間。
毎日、今日は昨日より素晴らしい、って思う。
だってまだ息ができるんですから。

私は言葉に気をつけたりはしない。感じたことを何でも口にする。
丈夫な体に生んでくれた母に感謝している。子どもの頃、病院に行くと、
薬のせいで体が震えることがあって、そんなとき、母は「ああ、疲れた。休まなくちゃ」
と言って、私の上に覆い被さって、震えを止めてくれた。

私はこの道を行く。そうすることになっているのだから。
人生を変えたいなんて、まったく思わない。
とにかくベストを尽くすこと。

それ以外に、人生に意味はない。
そして自力で幸せにならなくては。他人をあてにしてはいけない。
私は自分の心の中に、愛があることを感じるけれど、誰でも愛しているわけではない。
目を閉じれば感じられるもの、それが愛。

飛行機に乗るのは好きじゃない。自由が奪われるから。
もういまとなっては、嫌なことはしたくない。
何かに期待するつもりはない。
いまやっている治療に賭けたい。
多くの人が人生に不満を抱いている。世界に満足していない。
誰もが嫉妬し合い、どの道を進んだらいいのか、わからないでいる。
人生を自分のいいようにあやつることはできない。コントロールできるのは自分だけ。

あまり考えすぎないようにしている。時々、怖くなる。できれば70歳まで生きたい。
これまで5年毎に友だち全員を招いて、いっしょに食事した。
次の回までは、あと1年数カ月。
時々、それまで生きられないんじゃないかと不安になる。あと1年数カ月で結婚50年よ。でも金婚式を祝えるかどうか。だから毎日を全力で生きている。

時間とは毎日ということ。時間とは一瞬一瞬のこと。

最高の結果を望んでいるけれど、どんなことにでも対処するつもりだ。
つねに希望を抱いているわけじゃない。すべてを受け入れたい。
希望をもつのは好きじゃない。望めば、失望するかもしれないから。失望はしたくない。
他の人へのアドバイスなんて、ない。

人生最大の誇りは、家族を含め、まわりじゅうが反対したにもかかわらず、
夫と結婚したこと。

できるかぎり生きようという私の選択は、みんながいつまでも覚えていてくれるでしょう。

Arn't I Lucky!
I woke up - opened my eyes - and took a breath of air ... I am allive.
I am happy, health, loved, content and greatful.
I belive, you are what you think you are ... I am wonderful ...
I am blessed ...
I am here.

I have the best husband in the world -
I have 2 children, Nanette + Aaron -
I have 6 grand children -
I have a daughter in law + a son in law.
What else could I ask for -
I have life.

Irene

Irene's letter　アイリーンの手紙

私はなんて幸運なんだろう。
眠りから覚めて、目を開け、息をする。ああ、私は生きている。
私は幸せで、健康で、みんなから愛され、満足し、
感謝している。
自分で考える自分が、本当の自分だ。
私は素晴らしい。
私は恵まれている。
私はここにいる。
私には世界最高の夫がいる。
子どもがふたりいる。ナネットとアーロン。
6人の孫がいる。
息子の嫁も、娘の夫もいる。
これ以上、何が望めるだろうか。
私は生きている。

アイリーン

Ain't I lucky!

I woke up—opened my eyes—and took a breath of air...I am alive. I am happy, healthy, loved, content and grateful. I believe you are what you think you are...

I am wonderful...

I am blessed...

I am here...

I have the best husband in the world—

I have 2 children, Nanette and Aaron—

I have 6 grandchildren—

I have a daughter-in-law and a son-in-law.

What else could I ask for?

I have life.

Irene

Abel

人生には意味があると思う

だからこそ、みんなを、そして自分を助けようと努力を続けるんだ

Abel
エイベル

ドアが開きつつあるのを感じる。
私たちは、やるべきことをやるために、この世界に連れてこられた。
その務めが終わったら、元の場所に帰るのだ。
じつに単純な話だ。
もしそうでないとしたら、そんな馬鹿な話はない。

自分が大事にしていること、重要だと思っていること、要するに自分の生きがいが、
一瞬で消える。自分を支えているのがもっと強い力だったら、話は別だが。
じつに単純で、馬鹿げたことだ。見てみろよ。
そうだろ？
われわれは、ともすると、単純なことを難しく考える。
神様はそうじゃないと言っているのに。

私の人生でいちばん大事だったのは、
まったく予想していなかった人たちから多くの物を与えられたこと。
人生で最高の瞬間は、自分がそれほど大した人間ではないことに気づいたときだ。
母はいつも言っていた。他人の不幸を踏み台にして幸福になることはできない、って。

人生には意味があると思う。だからこそ、みんなを、そして自分を
助けようと努力を続けるんだ。
英雄たちを尊敬している。
だって、正しいことをなしとげたときの気分は最高だからね。
片道切符なんだから、無駄にしてはいけない。

── 人生最大の自慢は？
ほとんど家族全員から反対されたが、少なくとも2年以上軍隊で戦争に行っていたにもかかわらず、軍人になる道を選ばなかったこと。暴力と戦争を促進する職業だからだ。社会的地位は得られたかもしれないが、家族をがっかりさせることは承知していたものの、私にはどうしてもその道を選ぶことはできなかった。

みんながいつまでも私のことを忘れないでくれるとしたら、
それは私が幸運にも、みんなの役に立つようなことをするのが好きだったからだ。
自分から進んでやったわけじゃないし、
意味あることをしようと、
あちこち探し回ったわけでもない。
運良く、目の前にあったんだ。

I WANNA WALLOWN IN WITH ME BUT I ALSO WANT TO COME OUT ON THE OTHER SIDE A WINNNER. WHY DO I FEEL SO UNPREPARED OR FREE!

FEELINGS HAVE A WAY TO EVOLVE.. MINE HAVE & WILL CONTINUE TO DO SO.

A.

Abel's letter　エイベルの手紙

「どうして私がこんな目に？」と、
のたうち回りたくなることもあるが、
同時に、勝者としてあちらの世界に行きたいと思う。
どうして心の準備が全然できていないのか。
感情というのはどんどん進化するものだ。
私の感情も進化し続けるのだと思う。

エイブル・C

I want to wallow in 'Why me?' but I also want to come out the other side a winner. Why do I feel so unprepared? Feelings have a way to evolve. Mine will continue to do so.
AC

Donald

素晴らしい愛はいつまでもなくならない。愛は永遠だ

人生の意味とは、自分の愛する人々を幸福にすること

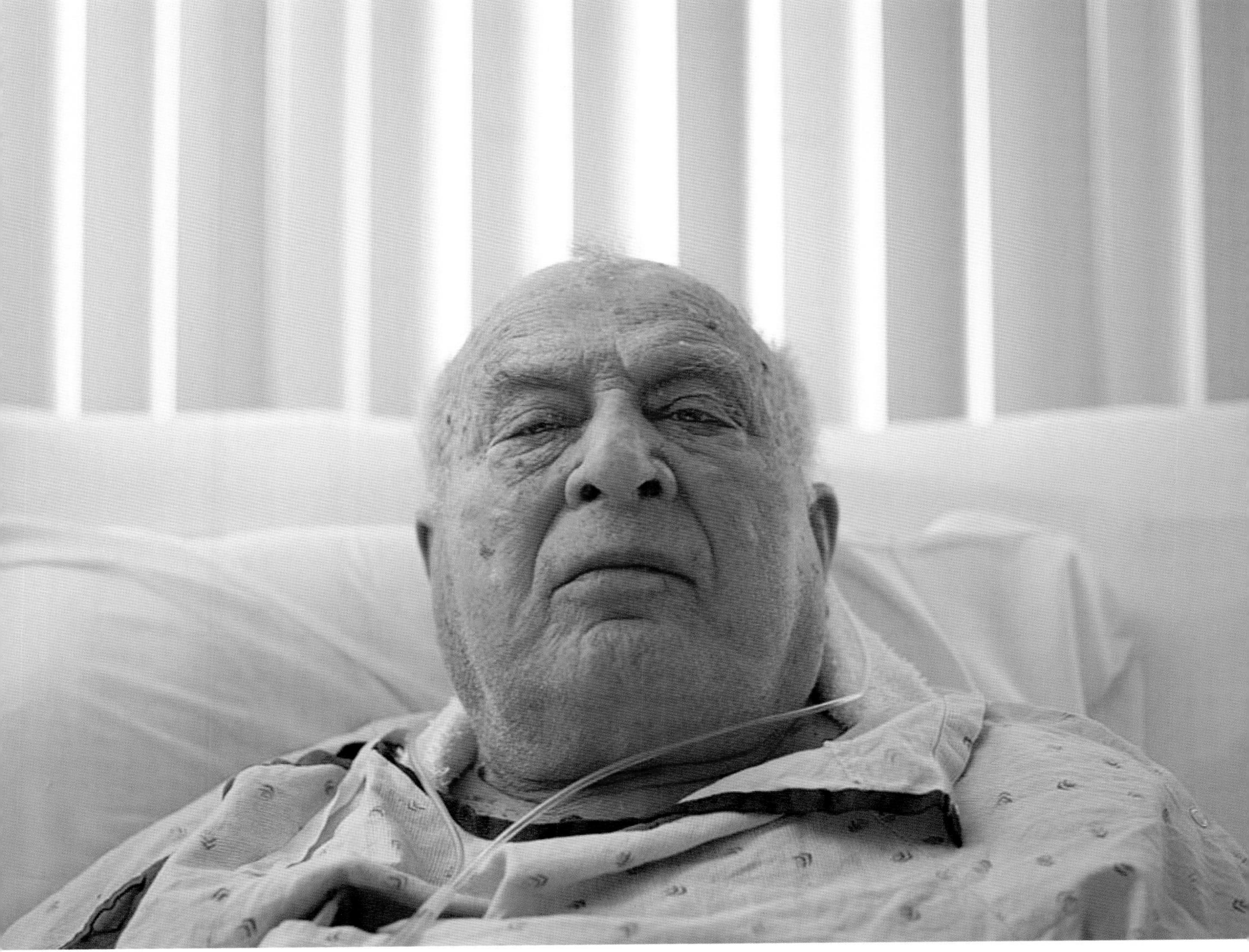

Donald
ドナルド

神様には語りかけるけれど、私の問題を解決してくれと要求したりはしない。
これまでだって、自分の問題は自分で解決するしかなかった。

素晴らしい愛はいつまでもなくならない。愛は永遠だ。
私の愛は世俗を超越しているから、
前妻が他の男を愛して再婚したとしても、妻を愛し続ける。
忘れてはいけないことは、いつでも愛にしがみついているわけにはいかないということだ。ときには手放さなくてはならないこともある。

自分にできることは山ほどあるのだから、失敗は成功の元という精神で生きなくては。
人生の意味とは、自分の愛する人々を幸福にすること。

Donald's letter ドナルドの手紙

ドナルド・J・ランディーニ

Donald J. Landini

Michael

おれは満足し、平和で、落ち着いている

おれは胸をはって、何も身につけず、この地上から出て行き

昔やってきたのと同じ道を行くんだ

Michael
マイケル

おれは10年間、ヘロイン常習者で、毎日4、5回は打っていた。
夢をみているような、気が触れているような生活だった。
三度、結婚した。請求書の支払いもできず、友人たちには見放され、
自殺するしかないと思った。銃は持っていた。遺書も書いた。
家族が帰ってきたら、死んでいるおれとその手紙を発見したことだろう。

おれは7人兄弟のひとりで、覚えている限り、いつでも親父にくっついていた。
親父が畑でトラクターを運転するときも、造園の仕事をするときも、種苗場で働くときも、親父のそばにいた。親父はおれを可愛がってくれ、おれはいつも親父べったりだった。
大きくなってからだが、トラブルに巻き込まれたとき、親父がやってきて、助け出してくれた。文字通り、ずかずかとやってきて、おれを引っ張り出してくれた。さんざん言われた。「お前はよい子なのに、どうしてこんな馬鹿なことをするんだ。目を覚ませ。酒やドラッグに溺れていないで、ちゃんと仕事しろ。まともな人間はごろごろ寝ていたり、酒やドラッグに浸っていたりしないで、まじめに仕事をするもんだ」
親父は毎朝6時におれの家にやってきて、おれを叩き起こし、言った。
「さあ、仕事に行くぞ。家族を養わなくちゃ」
親父はけっしておれを見放さなかった。
「おまえは役立たずだ」とか「どうせろくなもんにはならない」とは、
いっさい言わなかった。
親父が励ましてくれなかったら、おれはとっくに死んでいただろうよ。
親父はおれの救い主だ。いつも口調は厳しかったが、そこには愛情がこもっていた。
厳しい言葉を聞きながら、おれは厳しさではなく、愛情を感じとった。
おれに対する親父の愛情を感じた。親父は心からおれのことを心配してくれ、
どうしたらいいかをつねに考えてくれた。

親父は幸福で、幸運で、根っからの楽天家だった。
そばにいると、きっといいことが起きるに違いないと思えるのだった。
親父といっしょにレストランで食事をしている

とき、すっかり落ちぶれた知り合いが通りかかるのを見ると、親父は外に出て行って、その人をレストランに引っ張って来るのだった。
「さあ来いよ。いっしょに食べよう」と言って、ステーキ・ディナーとか、なんでも相手の食べたい物をご馳走するのだった。
とにかく親父はそういう性格だった。困っている人を見ると、黙っていることができず、いつでも助けの手を出すんだ。
おれは親父のそういうところを心から尊敬していた。
一方では強く厳しい人間だったが、その一方で、困っている人にはすぐに同情する、愛情溢れる人物だった。おれ自身にはそういうところが欠けている。

最近まで、おれは後悔に責め苛まれていた。
おれの死が近いと知って、娘たちはさんざん泣いた。それを見ているのは辛かった。
もう泣かないでほしかった。安らかにおれを看取ってほしかった。
でも、どこの病院に行っても悪い知らせばかりで、誰もおれたち家族のことをいたわってくれなかったし、慰めたり、元気づけたりしてくれなかった。
言葉ひとつかけてくれなかった。この病院に来てはじめて、穏やかな気持ちになれた。
おれがあちらの世界に行くときになっても、妻や子どもたちは穏やかに見送ってくれるだろう。そのことは互いに了解している。それで、おれはすごく楽になった。
重荷を下ろしたみたいにね。もう心配はない。家族は静かにおれを看取ってくれるはずだ。おれにはそれがとてもありがたい。

人生のある時点に戻れるとしたら、メキシコの伝道農場で働いていた頃に戻りたい。
最初はまずあそこの人々に服や食料を運んでいった。
あれほどの貧しさはそれまで見たことがなかった。エンセナーダの郊外の、ある場所の住民たちは空き缶を集め、それを売って食べ物を買うんだ。
小さな小屋に住んでいて、蝿だらけで、体じゅう黒い汚物にまみれていた。
誰もが煙で真っ黒になって、体中に蝿がたかっていたから、誰が誰だかわからなかった。
物資を運んで、トラックから降ろすと、彼らはおれたちが立ち去るのをいつまでも待っていた。
おれが「遠慮しないで、持っていってください」と言っても、小さな声で「いえ、いえ、どうぞ帰ってください」と答えるのだった。それまでの人たちは物資をただ置いていっただけだった。彼らの家を訪ね、いっしょに神に祈り、神の愛を分かち合うなんてことはせずに。人々はそういうのに慣れていたんだ。二度目に行ったときは、小屋に招いてくれた。いっしょに床にひざまずいて、神に祈った。どうかこの人たちをこの環境から連れ出してください、ここは人間の住むところではありません、と。

その後、おれはその村の38人に洗礼をほどこすことができた。
彼らは家と仕事を手に入れ、あの泥沼から出て行った。
どんな人の心にも希望がある。彼らにもその希望が見えるようになったんだ。
大勢がアメリカやメキシコに出て行き、家を建て、生計を立てた。
おれはそれまでとは180度違うまったく異なる人生を生きるようになった。
まさかそんなことになるとは夢にも思っていなかったよ。

メキシコでの生活はおれの人生を変えた。おれにはそれが必要だったんだ。
大事なのは、自分が何をもっているか、とか、自分には何が必要か、といったことじゃない。もらうよりもあげるほうがいい。
おれはつねにそう思ってきた。自分がもっていて、他人がもっていない物を、その人にあげる。
たとえちょっとした物でも。
そうしたら、その人に感動を与えることができるだろう。
どんなことでも、誰かひとりから始まるのさ。
いまでもよく覚えている。小さな子どもが、何日間もパンと砂糖しか食べていない幼い妹や弟に何か食べさせていた。ズボンは穴だらけで、靴も靴下もはいていない。そんな子どもたちを、ただそばで見ていることはできなかった。

伝道農場は4つできた。
物資を届けることから始めて、10年間、2週間に一度、物資を届けた。トラックを運転して行き、彼らが欲しかった物、必要な物がちゃんと彼らの手に渡るかどうか、自分の目で確かめた。

おれにとっては素晴らしい日々だった。
世界の表と裏を見ることができて、感謝しているが、おれ自身は表のほうがいいな。

妻のロリーのことは心から愛している。真の愛だと言い切れる。
結婚して47年になるが、真の愛とはどんなものかを、妻は教えてくれた。
最初の頃だけではなく、その後も、またおれの死が近づいた最近になっても、妻はずっとその優しい手と、心と、言葉で、おれを愛してくれた。
妻はおれのことを一度も見放さなかった。明日も明後日も、妻はおれを愛してくれる。
ありのままの自分を愛してくれ、結婚以上のものを期待せず、望みもしない、おれにはそんな人がいるってことは、本当にありがたいことだ。
結婚したとき、彼女は自分がどういう人間と結婚するのかをちゃんとわかっていた。
おれが新しい生活を始められたのは、彼女のおかげだ。
おれの人生でいちばん大事な人だ。

おれは造園の仕事をしてきた。
地面を触ったり、泥で何かを作ったりしていると、神になったような気分だった。
お客さんはいつも、「庭を生き返らせてくれて、ありがとう」と言ってくれた。
そういう言葉はいつでも嬉しかった。

おれは満足し、平和で、落ち着いている。不安も恐怖もない。ただ、興奮している。
何かが泡みたいに湧きあがってくる。結婚する直前みたいな感じだ。
長年にわたってまいてきた種子を、いま収穫しているんだ。愛の種子。

メキシコにいた10年間で、伝道農場を8カ所建てた。
自分よりも不幸な人たちを助ける、それがおれの人生の目標だった。
いい闘いだった。やるべきことはなしとげた。
やましいことは何ひとつない。
おれは胸をはって、何も身につけず、この地上から出て行き、
昔やってきたのと同じ道を行くんだ。

I am truly Gratefull to my Father God in Heaven for changeing my life from Death to life 40 years ago, I was going to take my life nothing to live for, 30 years of age I was done, but Jesus Christ came into my heart, and I was changed from Darkness into his Heavenly light, I have served the living God for 40 years, been across the United states served in Mexico for 10 years in the Mission field In Prisons Preaching the Good news, traveled over seas, worked Hard for my Family. Even though the tell me I am going to die, bad liver, Kidney. Hepatitis A.B.C. Diabetes, and severl others found in my Blood, I am using this open Door for others to gather Hope, to Keep this Faith alive, I Have alway said God saves the Best for last. Holy cross Hospital Has been a blessing for me and my Family, I thank the Good Lord for all the Doctors, nurses, staff, Cleaners of Room, each and every one Has made our visit here a slice of Heaven my family is now able to let me go home, but I'll be seeing seeing my Lord Christ soon.

God Bless every one who takes part in this message, It took being here to be ready.

God Bless all.

Dr Michael R. Gomez

Michael's letter　マイケルの手紙

天にまします父なる神に心から感謝している。
40年前、神は私の人生を死から生へと変えてくださった。
私は自殺しようと思っていた。生きていても仕方がないと思っていた。
30年前、私はほとんど終わっていた。
でもイエス・キリストが私の心にやってきて、
私は闇の世界から天国の光へと変えられた。私は生きている神のために40年間、
アメリカ各地で働いた。
10年間はメキシコの伝道農場で働いた。刑務所でも説教をし、海外にも行き、
家族を養うために必死に働いた。
おれの余命はわずからしい。肝臓も腎臓も悪いし、A型肝炎、B型肝炎も、
C型肝炎も抱え、糖尿病をはじめ、他にいくつもの病気を抱えている。
みんなが希望と信仰を失わないように、このドアは開けたままにしている。
私はいつもこう言ってきた――神は最良の物を最後までとっておいてくれる、と。
この聖十字架病院は私にとっても家族にとっても最高の場所だった。
神のおかげで、医師、看護師、スタッフ、清掃係、彼らすべてが
私の入院生活をまるで天国のようなものにしてくれた。
退院して家族のもとに戻れることになっているが、
私はじきにイエス様に会うことになるだろう。
このメッセージに出てきたすべての人に神様のご加護がありますように。
おかげで私はすっかり準備ができている。

すべての人に神のご加護を。
マイケル・R・ゴメス博士

I am truly grateful to my Father God, in Heaven, for changing my life from death to life 40 years ago. I was going to take my life, nothing to live for. 30 years ago I was done, but Jesus Christ came into my heart and I was changed from darkness into his heavenly light. I have served the living God for 40 years, been across the United States, served in Mexico for 10 years in the mission fields. In prison, preaching the good news, traveled overseas, worked hard for my family. Even though they tell me I am going to die, bad liver, kidney, Hepatitis A.B.C., diabetes and several others found in my blood, I am using this open door for others to gather hope, to keep their faith alive. I have always said God saves the best for last—Holy Cross Hospital has been a blessing for me and my family. I thank the Good Lord for all the doctors, nurses, staff, cleaners of rooms, each and every one who has made our visit here a slice of Heaven. My family is now able to let me go home, but I'll be seeing my Lord Christ soon.

God Bless everyone who takes part in this message. It took being here to be ready.

God Bless all,
Dr. Michael R. Gomez

Nelly

あとどれくらい生きられるか、わからない。今日死ぬかもしれない
明日が最後かもしれない。わからないわ。でも、私はとても幸せ

Nelly
ネリー

診断が下されたとき、私は薬を飲むのを止めた。死にたかったから。
毎日泣いて、もう何もしたくなかった。自分の物はみんな人にあげてしまった。
そんな状態がまる1年続いた。そして半年前に終わった。

私は祈るようになった。
「神様、助けてください。いますぐに死にたいんです。こんな状態にはもううんざりです」
次の日には、「神様、人生を変えられるよう、何かを授けてください」
そして最後にこう思った。「そうだ、私は歌がうたえるし、教師にもなれる」
実際、私が人生でよく知っているのはそのふたつだけ。
そこで老人ホームと契約して、お年寄りに歌を聞かせることにした。
老人ホームにした理由は、あそこにいる老人たちは死が迫っていて、
人生の希望を失っているから。
ある日、私は、自分が老人たちを幸せにしていること、
そして自分を幸せにしていることに気づいた。
そのとき、新しい人生が始まった。

最初の夫はひどい男だった。悪い男だとは知らずに選んでしまった。
それまで一度も男とは付き合ったことがなかったの。
でも最初の日から6年間ずっと暴力をふるわれ、体じゅう痣だらけで仕事に行かなくてはならなかった。何度もレイプされた。その他、ありとあらゆるひどいことをされたわ。
次男が死んだ翌日、家に帰ると、夫にいきなり顔を殴られ、あたりが血だらけになった。
1週間後、私は長男を連れて家を出て、カリフォルニアで新しい人生を始めた。
学校に行き、子どもも学校にやった。児童手当の類はいっさい当てにしなかった。
過去のことは振り返らなかった。

あとどれくらい生きられるか、わからない。今日死ぬかもしれない。
明日が最後かもしれない。わからないわ。でも、私はとても幸せ。

地獄を見たけれど、少しも後悔していない。人生でやるべきことは全部やりとげたと思う。
もっと多くの人の助けになりたい。私は人が好きなの。
私がまだ生きている理由は、できるだけ多くの人の助けになるためだと思う。
3年前から、ランカスターのムースロッジで、病院にいるホームレスの子どもたちのために
食事を作る仕事をしている。6品コースのフィリピン料理をね。
病気の子どもたちのために働くことを選んだのは、あの子たちが人生で
ひとつもチャンスがないから。
私も病気が重いから、病気の子どもたちのことが前よりもずっとよくわかる。
世の中には、精神的にも肉体的にも病んでいる人たちを助けようと思う人が少なすぎる。
私の人生の目標は、もっと多くの人を助けること。

天国に行きたいけれど、地獄に行くとしても仕方ない。
みんなが考えているような天国は信じていない。
いま生きている自分、それが天国。
よいことをすれば幸せになれるし、悪いことをすれば地獄に落ちる。

輪廻転生を信じている。最後の夫は視覚障害で、16年間の結婚生活で一度もセックスをしなかったけれど、
あるとき、私に隠れて他の女と関係していることを知った。
── 来世では娼婦になりたいわ。
冗談はさておき、ただ空中を漂っていたい。それがいちばん幸せ。

輪廻転生を信じているけれど、イエス・キリストを信じているからじゃない。
死んだ人はみんなどうなったの？
ただ空中に消滅してしまったはずがない。彼らに何かが起きた。
どこに行ってしまったのかはわからないけれど、
どこかに行ったことだけはたしか。

My Life As A Whole

I'm in a stage of my life that seems that everything will be allright. I'm so happy and much contented and I do believed that I have tomorrow ahead of me. There's light that shining above my head that tells me that I'm beautiful and shining and I do have things to do and finally I'm good and tomorrow is just beginning to me.

Hurray for life.

Nelly Gutierrez

Nelly's letter　ネリーの手紙

人生全般について思うこと。
いまの私には、すべてがうまくいくと思える。
とても幸せだし、満足している。
私の前には明日がある。頭上に光が輝いていて、
その光が語ってくれる。
私は美しく輝いていて、たくさんやることがあり、
よき人であり、もう明日が始まっている。
人生万歳！

ネリー・グチエレス

My Life as a Whole

I'm in a stage of my life that seems that everything will be all right. I'm so happy and much contented and I do believe that I do have tomorrow ahead of me. There's light that's shining above my head that tells me that I'm beautiful and shining and I do have things to do and finally I'm good and tomorrow is just beginning to me.

Hurray for Life.

Nelly Gutierrez

Sarah

公平だろうと、不公平だろうと、人生は人生

起きることもあれば、起きないこともある

Sarah
サラ

最初に病名を聞いたとき、闘おうと思った。
負けるものか。
あとどれくらい生きられるかは知らない。
そういうことを考えながら生きるタイプじゃないから。私は頑固よ。最後まで闘うつもり。何があろうと、かならず別の道があるはず。まだすべての道を試したわけじゃないでしょ？　新しい道が見つかるかもしれない。実験台にされることは全然いやじゃない。
でも、諦められるのはいや。

私は家族の中でいつでも世話役だった。高校生のころは祖母の世話をした。
ママが最初にガンになったときも、二度目になったときも、三度目になったときも、
学校に通いながら、3年間看護した。
いちばん辛かったのは、自分の娘がガンになったことを知ったママの顔を見ることだった。それを知っても自分には何もできない、ってママはわかっていたから。
私がガンと診断されたとき、義理の姉のガンが再発して、3人いっしょに抗がん剤治療を
受けたわ。3人がいっしょに抗がん剤治療を受けるっていうのがどういうことか、
うまく説明できない。
私には信じているものがある。それを神様と呼ぶべきか、クリシュナと呼ぶべきか、
わからないけれど、至上の存在がいることはたしか。

「公平」がどういうことか、私にはさっぱりわからない。公平なんて、なんの意味もない。公平だろうと、不公平だろうと、人生は人生。起きることもあれば、起きないこともある。チャンスを摑むこともあれば、そうでないこともある。

人生は無限じゃない。それはたしか。何が起きるか、わからない。
あえて冒険しなくてはならないこともある。
でも私は二十代後半までいっさい冒険をしなかった。そのためにとても損をしたと思う。
とくに人間関係。たいてい学生時代には恋人ができて、ドラマティックな恋愛をするものでしょ？　私にはそれがなかった。いや、似たようなことはあった。
一時期はボーイフレンドがいて、彼のことがとても好きだった。
誰かといて楽しいと思ったのは、そのときが初

めて。関係はうまくいっていた。
でも、ファッション専門学校を卒業したとき、ママの勧めで、1カ月間、
バックパッカーとしてヨーロッパをあちこち旅した。
帰国したとき、彼は元通りの関係に戻りたいと言ったけれど、私はなんだか怖くて、
どうしたらいいか、わからなかった。1カ月間いなかったのに、それでも愛していると
言ってくれる男性がいる。それをどう受け止めたらよいか、わからなかった。

―― その後、彼とは連絡を取り合っているんですか？
いいえ、ずっと考えていたんだけれど。フェイスブックで見つけたけれど、彼はもう結婚していたので、彼の生活の邪魔をしたくなかった。「久しぶり！　ところで、私、ガンなの」なんて言えない。もう14年も会っていない。

―― 人生でいちばん深く愛したのはそのボーイフレンド？
わからない。そうかもしれない。でも、私はそのチャンスを掴もうとしなかった。彼は本当に素晴らしい人だった。でも、私はチャンスを掴もうとしなかった。
その後、この年になるまで、私はすべてを自力で学んだ。成功もあれば失敗もあった。
倒れても、また立ち上がった。いつでも、なんでも、自分ひとりでやってきた。
両親からいっぱい力をもらったけれど、ここ数年は自分自身の中から力を引き出さなくてはならなかった。

とても仲のよい男友だちがいたんだけれど、もう付き合えない理由を
彼に説明しなくてはならなかった。それはどうしようもなく感情的な出来事だった。
私にとっても、彼にとっても、そしてまわりにいた人たちにとっても。
というのも、彼はほとんど私の家族の一員だったから。
長年のあいだに彼はどうしようもなく嫌な人間になっていた。
ひどいことを口にするし、人を自分の思い通りにしようとした。
それを自分ではなんとも思っていなかった。20年も友だちだった人が

そうなってしまったのよ。冗談じゃないわ。もう付き合えない。
とくに死が迫っている、いまのような状況では。

昨日は、自分は明日死ぬだろうと思った。

でも黒人の大統領が誕生するのを見てから死にたい。

友だちはたくさんいるわ。
以前は、友人たちが自分にとっていかに大事な存在であるかに気づかなかった。
いまは以前よりもずっと大事。みんな、私といっしょに闘ってくれた。
ただ顔を見せてくれるだけでも、心が安まる。
付き合っていながら、その人が真の友だということに、長いこと気づかなかった。
そんなこと、考えもしなかった。
ただ、みんなが世話してくれるのを、漠然と受け止めていた。
これまでずっと、誰かに助けを求めたり、心を開いたりしたことは一度もなかった。

時間はとても大切。そして神様もとても大切。

I Don't understand how one family can all get so sick.
It really makes no sense, but I guess the universe never
done.
I have been healthy my whole life and now I am struck with
almost everytiing. my hands shake so much I can barrely write.

Sarah

Sarah's letter　サラの手紙

家族全員がガンになるなんて、信じられない。
その意味がわからない。
でも、きっとこの世界には意味などないのだ。
私はずっと健康だったので、
いま、あらゆることにショックを受けている。
手が震えるので、うまく書けない。

サラ

I don't understand how one family can all get so sick. It really makes no sense, but I guess the universe never does. I have been healthy my whole life and now I am struck with almost everything. My hands shake so much I can barely write.
Sarah

Odis

もう何年も前から、心は穏やか

死んでしまえば、ここから消えるだけだし

もう誰にも傷つけられることはない

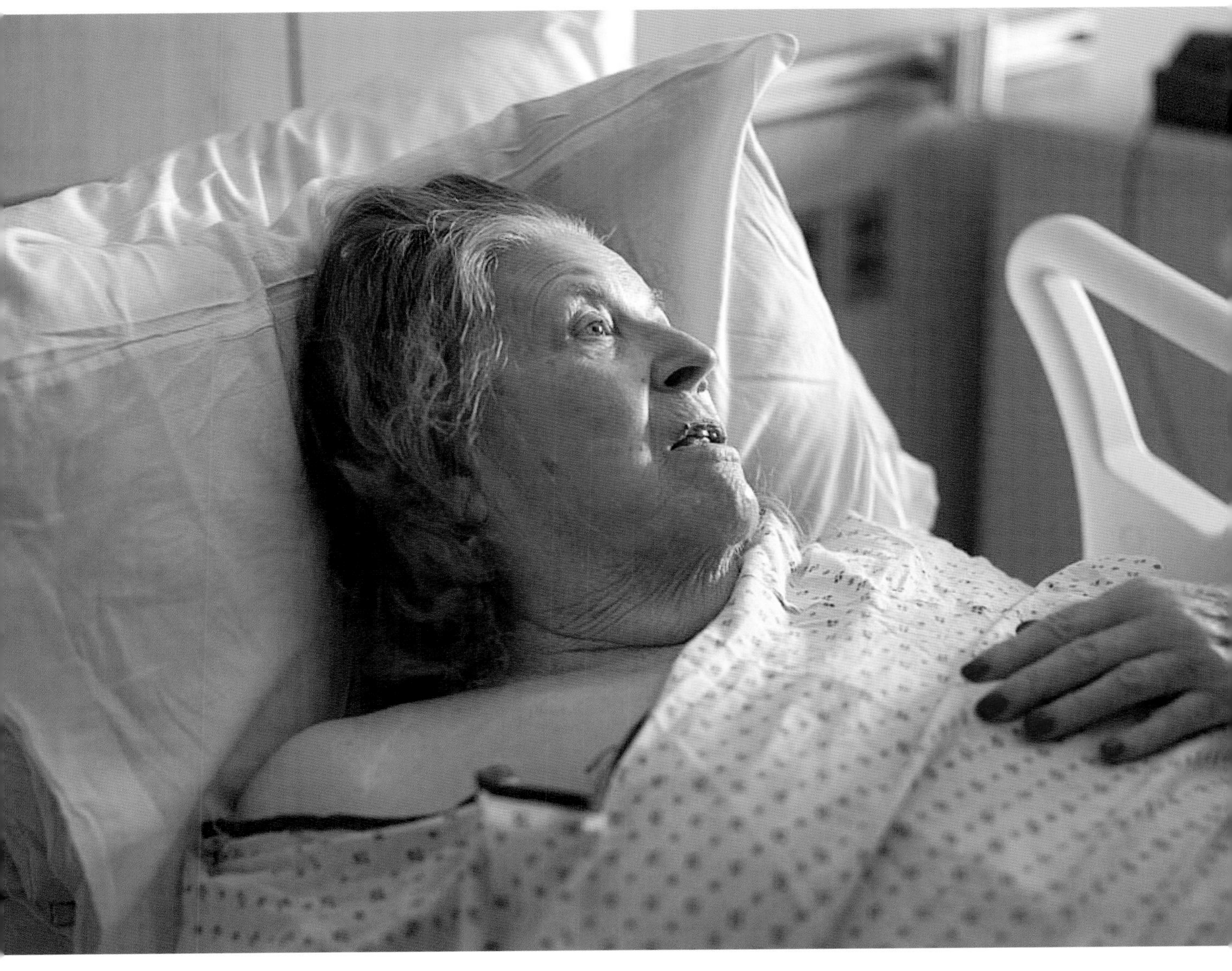

Odis
オーディス

人を助けようとしても、悪いことが起きることがある。
死んだ人の夢ばかりみる。両親、きょうだい。
私は家族の中で最後の生き残りなの。
私が最後まで残った。
最後に柩の蓋を閉めたときは、本当に胸が張り裂けるようだった。
自分がばらばらに壊れていくような感じ。
3人の子どもはフェニックスに眠っているし、４人の夫もみんな死んでしまった。

先週、89歳になったばかり。こんなに長生きするなんて、誰もが夢にも思わなかった。
こんなに長生きすると知っていたら、もっと自分の体に気をつけたでしょうに。
何よりも、まず、大きな疑問が湧きあがってくる。
「どうして私が？」 楽しいことがあれば、悲しいこともあるのよね。
自分には何もできない。病気はただ降ってくる。
それだけのこと。

誰かを心から愛するときもあれば、首を絞めてやりたいと思うこともある。
喧嘩するときはいつも、どちらかが「これって初めての喧嘩だったっけ？」と言って、ふたりで大笑いし、喧嘩はそこまで。
いちばん楽しかったのは、４人目の夫と、結婚する前にした旅行。
夫がここで降りようと言えば、そこで降り、私が降りようと言えば、そこで降りた。
どちらも降りようと言い出さなければ、そのまま船旅を続けた。平和で幸福な時間だった。

ひとつの人生に、あらゆることが混じり合っている。
青春なんてなかったような気がする。それは誰のせいでもない、私自身のせいだ。
早く大人になりたくて、焦っていたからだ。
生きるっていうのは、少しでも自分を向上させること。
これまでずっと、人生はきっとよくなるという希望を抱いていた。
もし将来に対する希望も信念もなくなったら、それで終わりだわ。

私が死んだ後、みんなの記憶に残るのは赤いビーツのジャムとキルトでしょう。
人生を振り返っても、自慢できるようなことは何もない。むかし、ママが言った。
「オーディスが私の髪をとかしてくれたら、安らかに死んでいけるわ」

7歳の頃から、私はママの髪をとかしていた。
ママが死んだとき、私はワシントンにいたんだけれど、すぐに飛んでいって、
遺体が横たわっている暗い部屋に入ると、ママのところにいって、髪をとかしたわ。

私を愛してくれる人たちもいるけれど、私のことが嫌いという人たちもいる。
それが気になることもあれば、気にならないこともある。
だって私は私。自分の嫌なことをしてまで他人に気に入られることなんてできない。
他の人を傷つけないように、自分の好きなことをするのがいちばんよい。

もう何年も前から、心は穏やか。死んでしまえば、ここから消えるだけだし、
もう誰にも傷つけられることはない。
飛び込み台の先端まで走って行って、
暗闇の中に飛び込む。水の中に落ちることを期待して。

結婚生活がうまくいくには、ユーモアのセンスが必要ね。
相手が何をしたいのかを理解して、相手の魂に触れること。

4番目の夫は、奥さんを亡くした後、しばらくしてまた人に会うようになった。
私が彼に会ったのは、ちょうどその頃で、ある大きな部屋の端と端にすわっていたんだけれど、私から近づいた。人の肌の感触がなつかしい、という話をしたわ。
性的な意味じゃなくて、ただ触れるだけ。それで私は彼に、「あなたにはそれが必要なのね」と言って、彼の肩を抱いて、頬にキスした。それで彼は私に惚れてしまった、ってわけ。

じつに単純なことよ。何か聞かれたら、優しい言葉で理解を示す、それだけ。
でも、たいていの人はそれができない。どうしてできないのか、私にはわからない。
同じ家に育っても、できる人とできない人がいる。私の末の妹はそれができなかった。なぜかしらね。

私は哲学者じゃない。私はプラトンでも、そのお仲間でもないけれど、そんなことを考えるの。
母がいつも言っていた
── いい顔をしなさい。そうすればみんなはおまえの靴ではなくて、顔を見てくれる。

Odia Hartman – 3rd child of
Daniel
Charlie – & Mary Ada Hanrahan
Hartman –

Odis's letter オーディスの手紙

私はオーディス・ハートマン。
デイヴィッド・ハートマンと
メアリー・アイダ・ハートマンの三女。

Odis Hartman—3rd child of David and Mary Ida Hartman

Wanda

恋をすると、別世界にいるような気持ちになる

これまでに二度、恋をした

Wanda
ワンダ

自分が刻一刻どうなっていくのか、自分では全然わからないけれど、怖くはない。
心の中は平和。だって、やりたいことは全部やったし、最高の人間になりたいから。
小さいときに両親を亡くして、目の前が真っ暗になった。
だって、頼れる人がひとりもいなくなったのだから。
それで神様に出会った。神様以外、誰にも頼れない。夫にさえ頼れない。
信心深い従弟から、「あんたは地獄に行く。離婚したからね」と言われて、
かまうものかと思った。彼と私は小さい頃から同じ教会に通っていたんだけれどね。

何かを祈っても、それが実際に起きるまでは黙って待つことにしている。
神様が答えてくれようと、くれまいと、すべてを神様の手にゆだねる。
うまくいくときはうまくいくし、もしうまくいかなくても、私のせいじゃない。

恋をすると、別世界にいるような気持ちになる。
これまでに二度、恋をした。
友だちといっしょにいるときがいちばん幸せ。
いっしょにいて楽しい、嘘をつかなくていい、
そんな友だちと。

── 私が「生きていて、いちばん辛いことは？」と質問すると、
ワンダは黙って、答えなかった。
その沈黙を破ったのは
病院の館内放送で流れてきた
「ロッカバイ・ベイビー」【イギリスの古い子守歌】だった。
赤ん坊が生まれると、その子守歌が流れるのだった。

~~Insight -~~

~~Dear Ian.~~
~~I'm still here at going at age of 84 — and.~~

Here I am at 84, wondering what I will be doing in a year, if I'm still here.

My life has been good in some ways & not so good in others.

My faith, My love for others, My Kids, & My friends are what has kept me going.

I was the best Mother I knew how to be.

My parents were Wonderful. I've been so Blessed.

Wanda Jean Blanchy

Wanda's letter　ワンダの手紙

私は大丈夫。
私はいま84歳。
1年後にもしまだ生きていたら、何をしているかしら。
人生にはよいこともあったし、悪いこともあった。
信仰と、子どもたちや友だちや他人への愛のおかげで、生きてこられた。
自分は最高の母親だったと思う。私の両親も素晴らしかった。
だから私は恵まれていた。

ワンダ・ジーン・ブランド

I'm alright.
Here I am at 84, wondering what I will be doing in a year, if I'm still here. My life has been good in some ways and not so good in others. My faith, my love for others, my kids and my friends are what have kept me going. I was the best mother I knew how to be. My parents were wonderful. I've been so blessed
Wanda Jean Bland

Ralph

二度、素晴らしい恋をした。人生で最高だったのは、それだ

それ以上何を望むというんだ？　素晴らしい旅だった

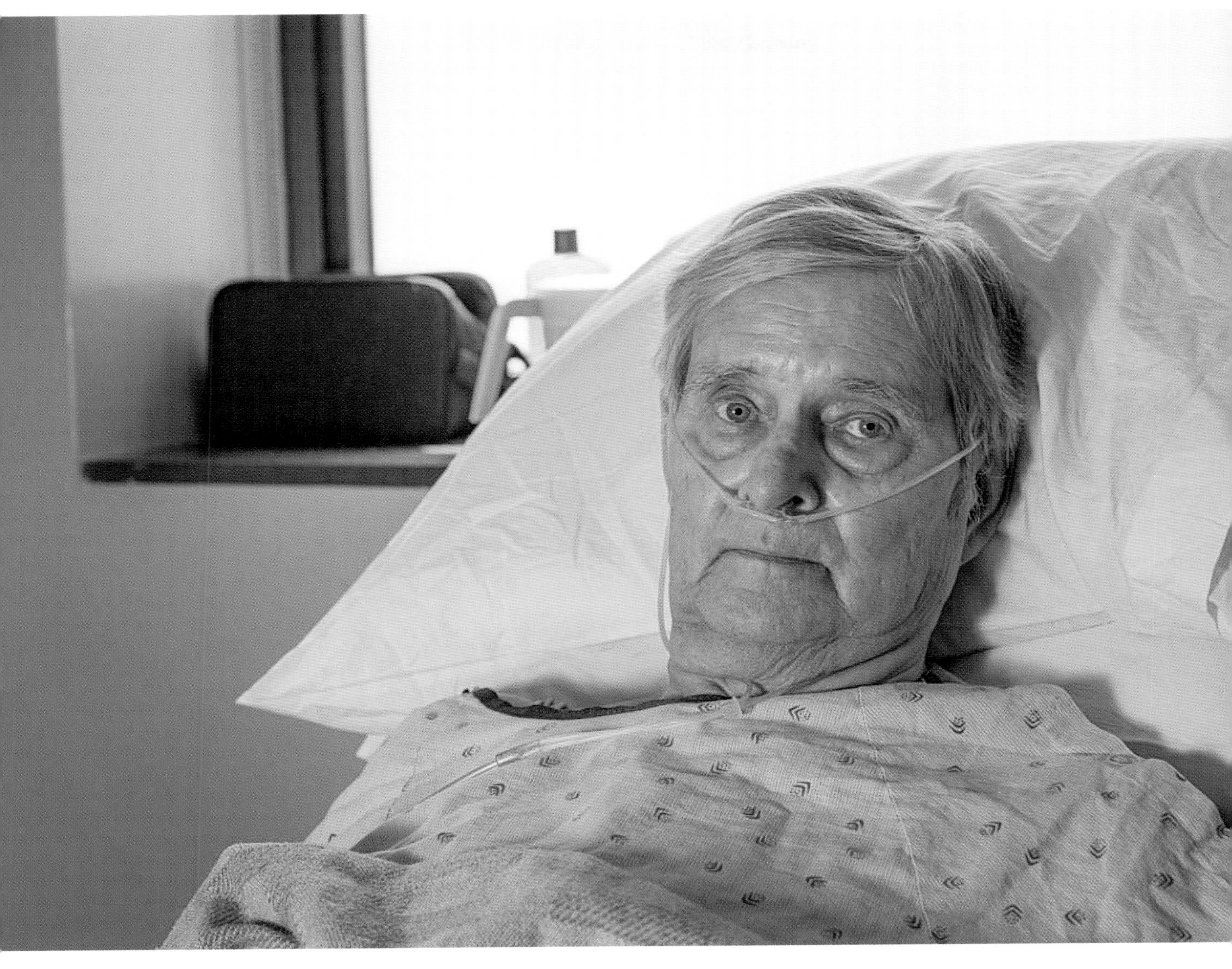

Ralph
ラルフ

昨日はもう過ぎ去ったもの。今日はまだ新鮮だ。
出会う人すべてを愛すること。
どんな人であろうと、何をしていようと、彼らを受け入れ、愛する、
そしてその気持ちを相手に伝えること。

自分の言動には責任をもて。何かまずいことをしてしまったり、言ってしまったりしても、それを受け止めて、忘れないこと。誰かを傷つけてしまったら、許しを乞おう。
自分の失敗を他人になすりつけることだけは避けよう。

教会には行かない。
私はスピリチュアルな人間だから。
つねに、私の人生の進路を操っているより高い次元のパワーに向かって語りかける。
すべてのことに関して、
そのパワーに頼っている。
そのパワーは、他人を許すこと、そして自分自身と和解することを教えてくれた。
いつでも人生は素晴らしいと感じていたわけじゃない。

神を馬鹿にして、神には頼らないようにしようと思っていたこともある。
でもある日、自分はいつでも神の助けを必要としているのだと悟った。

生きていたい。たくさんやることがあるから。
みんながお互いに思いやるようになってほしい。

子どもの頃、郵便物を配達する親父の手伝いをしながら、町じゅうを回った。
その仕事が大好きだった。
親父の葬式で、親父がどんなに素晴らしい人間で、どんなにみんなを元気づけてくれたか、みんなが口々に語っていた。私自身も親父と同じような人間だったと思いたい。

鍵はひとつだけじゃない。それを知ることこそが人生の鍵だ。
二度、素晴らしい恋をした。人生で最高だったのは、それだ。
それ以上何を望むというんだ？　素晴らしい旅だった。

I have been quite sick for several weeks, with many trips to Henry Ford, Holy Cross and [illegible] Hospitals.

This gave me [illegible] time to think about my life.

It has been a good life — 87 years. I have [illegible] the good and the bad.

My life has been a great [illegible]. I have had 2 wonderful wives, 9 children, 22 grandchildren and 8 great grandchildren.

Our family grew to [illegible] — [illegible] family

My philosophy of life is from my Mom:
(Mom never got beyond 5th grade)

1. Wake up — thank God for giving you another [illegible] day
2. Forget yesterday — live today
3. Love everyone
4. Be respectful & forgiving & [illegible].
5. Accept others as they are

To everyone —
Following Mother's Wisdom —
It Works!!

Ralph, Dad, Grandpa, Great Grandpa.

Ralph's letter　ラルフの手紙

ここ数週間、状態がひどく悪く、ほとんど入院していた。
ロサンゼルスの聖十字架病院やシダーズ・サイナイ医療センターには
何度も入院した。その間に、自分の人生について考える機会がたくさんあった。
いい人生だったと思う。自分の身に起きたすべてのことについて、
考える機会を与えられた。そのことはもう前に言ったと思うが、
何度でも言いたい。充実した人生だった。
妻はふたりとも素晴らしい女性だった。ベスとポーリーン。
そして9人の素晴らしい子どもたち── マーシャ、リンダ、テレサ、ブルース、
ドンナ、ジェニファー、ビジャン、ジム、カート。ひ孫も9人いる。
よき人生を送るため、おれはママの哲学に従った。
自分でそれにふたつ付け加えたけれど。

1. 朝起きたら、前日のことについて神に感謝しなさい。
　与えられたことすべてについて神に感謝し、
　今日のことについて助けを乞いなさい。
　また、昨日のことを忘れられるよう、お願いしなさい。
　昨日はもう過去のことだから。昨日は過ぎ去ったもの、今日は新鮮だ。

2. 昨日のことは忘れ、今日を生きなさい。

3.出会う人すべてを愛しなさい。どんな人であろうと、何をしていようと、
彼らを愛するよう努め、その気持ちを相手に伝えなさい。

4.自分の言動すべてに責任をもちなさい。
自分の過ちを他人に押しつけてはいけない。
何か悪いことをしたり言ったりしたら、それを受け止めて、
忘れないようにしなさい。誰かを傷つけたら、許しを乞いなさい。

5.他人には優しく接しなさい。こうあるべきだと考えるのではなく、
ありのままの彼らを受け入れなさい。どんな人であろうと、
それが彼らのありのままなのだから、できれば友だちになりなさい。
その友情が深まれば深まるほど、自分が幸せになれる。これは保証する。

「ナナ」というのがママのあだなだったが、以上のようなママの教えに従えば、
素晴らしい人生が送れるはずだ。私が保証する。

みなさんへ。私の母の教えに従いなさい。かならず役に立つ。
父であり、祖父であり、曾祖父であるラルフ

I have been quite sick for the past several weeks with stays, many times at Holy Cross and Cedars Sinai in Los Angeles. There have been many times that have given me chances to think of my life during this period. It has been a good life and it has given me a chance to think about all that has happened to me. I think I said it but I'll say it again. My life has been a full life, I have had two wonderful wives, Beth and Pauline and nine wonderful children: Marsha, Linda Theresa, Bruce, Donna, Jennifer, Bijan, Jim and Kurt. We have 9 great-grandchildren also in this family. To live a good life I have tried to follow my mom's philosophy, I added a couple of these to that.

1. Wake up every day and thank God for yesterday. Thank him for all that has been given to you and ask him for help for today. Ask him also to help you to forget yesterday, it is gone. Yesterday is a gone day. Today is fresh.
2. Forget yesterday—Live today

3. Love everyone that you meet, no matter what they are or what they do, try to love them, try to give them your feeling of love and acceptance.
4. Be responsible for all your actions and all your words. It's so important that you don't point to other people for your faults. If you say something bad, do something bad, accept that, own it...if you hurt somebody ask them for forgiveness.
5. Treat people kindly, accept them as they are, not as you think they should be—whatever they are, that's them, make them your friend, if you can, and the further you strengthen your friendships, the happier you will be, I guarantee it.

If you follow all these words of mom, by the way, her nickname was 'Nana', it will give you a fine life, trust me, it works!

To everyone: follow my mother's wisdom, it works!!
Ralph, Dad, Grandpa & Great-Grandpa

> **Afterword** 訳者あとがき

訳者である私は、この本の売れ行きがとても気になっている。話題になるかどうかも、気にしている。

翻訳印税が気になっているわけではない。現代日本では「死」が忘れられているのではないか、もっといえば、隠蔽されているのではないかと、常日頃から考えているからだ。他の国のことはよくわからないが、どこも似たようなものではなかろうか。

死生学（死について研究する学問）のパイオニアであるアルフォンス・デーケン氏（イエズス会神父、上智大学名誉教授）の講演はユーモアに溢れていることで有名だ。聴衆は2分に1回くらい腹を抱えて笑う。そのデーケン氏がよく口にするジョーク（？）のひとつに、「日本人の死亡率は……100パーセントです」というのがある。

そう、私たちは全員かならず死ぬ。どんな人にも「その日」はやってくる。

ところが、周りを見わたすと、私たちは全員100パーセントの確率で死ぬという事実を、誰もが（故意に）忘れているように見える。より正確にいえば、社会全体に何か大きな力が働いていて、死を私たちの目から隠しているように感じられる。

もちろん災害や、事故や、心臓麻痺で、突然死を迎える人もいるが、大多数の人は病に倒れ、病院のベッドで、あるいは自宅で、死を迎えることだろう。でも誰もが、自分はある日突然「ぱっと」死ぬつもりでいるようだ。だから、誰も死について考えようとはしない。考えても無駄だ、と思っている。私にはそう感じられる。いや、自分は永遠に生き続けるかのような錯覚に陥っている人も、少なからずいるように見受けられる。

でも、「よく生きる」ことと同じくらい、「よく死ぬ」ことは重要だ。なぜなら死について考えることで、よりよく生きることができるからだ。

本書に登場する人たちは、いわゆる「ごくふつうの」人たちだ。すべての人に共通しているのは、ある種の諦念、一種の悟りの境地が感じられることだ。この本を訳しながら考えたのは、死が近づいてきたとき、自分もそのような境地に達することができるのか、ということだった。

訳者は3年前に妻をガンで亡くした。彼女は最後の2カ月を緩和ケア病棟で過ごした。私は毎朝、妻に会いに行き、いっしょに朝食を食べ、仕事に出かけ、仕事が終わるとまた病院に帰り、妻が眠りについてから自宅に帰った。その2カ月間、妻だけでなく、私も緩和ケア病棟で生活していたようなものだ。そんな中での唯一の心の慰めは、妻が心安らかに旅立ったことだ。

私はホスピスのパイオニアのひとりであるエリザベス・キューブラー・ロスの『死ぬ瞬間』シリーズの訳者でありながら、妻がこの世から旅立とうとしているそのときに初めて、ホスピスや緩和ケアを、身をもって体験したのだった。そして、その体験を通じて、死が怖くなくなった。それ以来、常日頃から死の準備をしている。

本書に収められた、緩和ケア病棟で死を迎えようとしている人たちのポートレートは、私たち読者に「死を思い出せ memento mori」と語りかけている。本書が、死について考えるきっかけを読者に与えてくれることを、心から願っている。

政府やマスコミが東日本大震災の罹災者のことを忘れ、「オリンピックだ、オリンピックだ」と浮かれている2019年秋に。

鈴木　晶

> **Commentary** 解説

本書のタイトルにある「その日」とは、言わずもがな、死を迎える日です。緩和ケア施設で過ごした日々の長短はあれど、死ぬのは一瞬です。そのときに、どういう想いを抱いて逝くのか、これは我々に与えられた最重要課題なのかもしれません。

人は死に臨むと、その反応にしばしば二極化が見られます。恨みつらみを口にしたり、取り乱したりする場合もあれば、穏やかに「ありがとう、幸せだった」という境地に至る場合と。本書に登場する人たちの多くは、後者でしょう。

今日はいい日ね。窓から、木の葉が風で揺れているのが見える。
生きてこの景色が見られるなんて、なんて幸せなんでしょう。

本書のアイリーンさんの言葉からは、超越的多幸感に包まれていることが読み取れます。彼女はこうも続けます。

人生を変えたいなんて、まったく思わない。
とにかくベストを尽くすこと。それ以外に、人生に意味はない。
そして自力で幸せにならなくては。他人をあてにしてはいけない。

この一文は、まさにお釈迦様の最後の教えとして知られる「自灯明（じとうみょう）、法灯明（ほうとうみょう）」のことではないでしょうか。自らを信頼し、自らを希望の拠り所とせよという仏教の教えを、アイリーンさんは、ごく自然に自分の言葉として紡いでいます。彼女の毅然とした態度は、死は誰にとっても、最高の教師たり得ることを物語っています。

なぜこのような達観に到達できるのか。
それは死を前にすると、不要なものが意識からこそぎ落されていくからではないでしょうか。あたかも多段式ロケットが使い切った燃料を次々と切り離して宇宙空間に突入するように、人もあの世に移行する前に、さまざまなものを捨てていくわけです。

不要な荷物があると、執着も大きくなる。アイリーンさんに代表される、本書に登場する人たちの多くは、荷物を下ろしてスッキリしているかのようです。

自らの尾を噛み円となる蛇、ウロボロスさながら、人は死を前にすると、心が赤ちゃんに返り、素直になっていきます。あらゆる想念を手放すことが、悟りにつながっていくのです。

しかし、死を前にして、すぐさまこの世の迷いを払えるかというと、これがなかなか難しい。死への助走が必要なのです。だからこそ、私たちは平素から死について想いを巡らせ、人生の断捨離をしておかなくてはいけません。

訳者の鈴木晶氏は、現代の日本では「死」が隠蔽されているのではないか、と問いかけています。自宅で老衰のために亡くなることが減ってきた現代社会では、どこか死がタブー化されているきらいがあるのは事実でしょう。

ですが、死はとても厳粛なものです。幼い子どもでも死の瞬間に立ち会わせたほうがいい。その経験は得難いものです。

人は、死を前にして最後の成長を遂げることができます。不安や恐怖を乗り越え、死を受け入れる心理プロセスは、人にとって最大にして最後のレッスンなのです。それまで散々な目に遭ってきた人でも深い感謝の念に包まれながら、死を迎えられるなら、人生の「勝ち組」となります。

死は、人間が創り上げる最後の芸術作品です。本書に登場する大半の人たちも、美しい芸術作品を創り出しています。

すべてをありがとう。
みんな、ありがとう。

本書に登場するルネさんの手紙文です。この境地にこそ、人としての最高の尊厳があります。

比較宗教学者　町田宗鳳

「その日」の前に

Right, before I die

• • •

2020年1月10日　初版発行

写真・文	アンドルー・ジョージ　Andrew George
訳	鈴木 晶　Sho Suzuki
解説	町田宗鳳　Soho Machida
日本語版デザイン	細山田光宣　Mitsunobu Hosoyamada
	南 彩乃　Ayano Minami（細山田デザイン事務所）
日本語版編集	柳瀬篤子　Atsuko Yanase（シーオーツー）
発行人	松浦祐子　Yuko Matsuura
発行所	ONDORI-BOOKS
	http://www.ondori-books.jp
	運営企業　（株）シーオーツー
	〒102-0073　東京都千代田区九段北1-14-21
	九段アイレックスビル5F
	電話 03(4334)3111（編集代表）
発売元	(株)中央経済グループパブリッシング
	〒101-0051　東京都千代田区神田神保町1-31-2
	電話 03(3293)3381（営業代表）
	http://www.chuokeizai.co.jp/
印刷・製本	株式会社光邦

乱丁・落丁本はお取替えいたします。

ISBN978-4-502-33431-3 C0095

Thanks

Pat Aidem/Ediccia Aldeeb/Wanda Bland/Sarah Boags/Suzy Borders/ Kimberly Castle/Abel Centurion/Dana/Alain de Botton/Irene Furlong/ Ronald & Barbara George/Eric George/Chris George/Michael Gomez/ Sara Gonzalez/Nelly Gutierrez/Jessica Graham/Alexandra Harrington/ Odis Hartman Dean/Kimberly Hassett/Daniella Hehmann/ Kirstin Johnson/Diana Katz/Dr. Marwa Kilani/Jason Kleidosty/ Charles Kopp/Donald Landini/Josefina Lopez/Sally Lopez/ Chris McElrath and Contact Lab/Joseph Nardone/Lisa Jane Persky/ Frances Petrocelli/Leah Phillips/Providence Holy Cross Hospital/ René Portillo/Dave Puketza/David Ramser/Carlee Santarelli/ Jack Schappert/Ana Maria Schneiderman/Ralph Seidensticker/ John Szitkar/Richard Thorstenso

Published by Andrew George
invisiblegraffiti.com
rightbeforeidie.com
Design: James Corazzo & Nikie Marston at corazzo.eu

著者

アンドルー・ジョージ

ロサンゼルス在住の写真家。2011年THE WORLDWIDE GALA PHOTOGRAPHY AWARDSなどのタイトルを受賞し、The Haffington Post, CBS News, The Chicago Tribuneをはじめとする多くのメディアで紹介される。プロジェクトに「Secondhand Nature」「Light Leaks」「Everything Reminds Me of Everything」など多数。世界20カ国以上での展覧会開催の実績を持つ。

翻訳者

鈴木 晶（すずき しょう）

1952年東京都生まれ。東京大学文学部露文科卒。同大学院博士課程満期修了。法政大学名誉教授。精神分析学、文学、舞踊学。著書に『ニジンスキー　神の道化』（新書館）他多数、訳書にエーリッヒ・フロム『愛するということ』（紀伊國屋書店）、エリザベス・キューブラー・ロス『死ぬ瞬間』（中公文庫）他多数。

解説者

町田宗鳳（まちだ そうほう）

1950年京都生まれ。14歳で出家。以来20年間、京都の臨済宗大徳寺で修行。34歳で渡米。ハーバード大学で神学修士号およびペンシルバニア大学で哲学博士号を得る。プリンストン大学助教授、国立シンガポール大学准教授、東京外国語大学教授、国際教養大学客員教授などを経て、現在、広島大学名誉教授、御殿場高原「ありがとう寺」住職。『死者は生きている』（筑摩書房）など著書多数。